Hans C. Nieder – DEBUG enträtselt

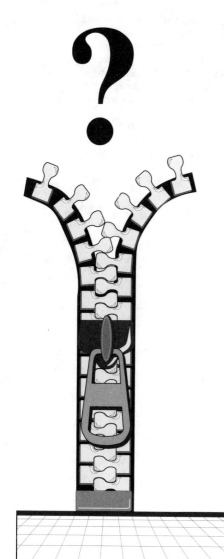

Hans C. Nieder

DEBUG
enträtselt

Eine detaillierte Beschreibung des DOS-Befehls für den Anwender, mit vielen nützlichen Beispielen und Anregungen zu Anwendung.

Die Informationen in diesem Buch werden ohne Rücksicht auf einen eventuellen Patentschutz gemacht. Eventuell vorkommende Warennamen werden benutzt, ohne daß Ihre freie Verwendbarkeit gewährleistet werden kann.
Wir haben uns bei der Erstellung der Texte und Abbildungen allergrößte Mühe gegeben. Dennoch, dieses Buch wurde von Menschen gemacht. Fehler können also nicht vollständig ausgeschlossen werden. Weder Verlag noch Herausgeber oder Autoren können für fehlerhafte Angaben oder gar deren Folgen eine juristische Verantwortung oder irgendeine Haftung übernehmen. Über Verbesserungsvorschläge, Hinweise auf Fehler und jedwede qualifizierte Kritik freuen wir uns aber.
Alle Rechte, auch die der fotomechanischen Wiedergabe und der Veröffentlichung in elektronischen oder sonstigen Medien, behalten wir uns vor. Die gewerbliche Nutzung der in diesem Buch benutzten Beispiele, Modelle, Abbildungen und Ideen ist zwar nicht zu kontrollieren, aber untersagt.

15 14 13 12 11 10 9 8 7 6 5 4 3
92 91

ISBN: 3-89390-337-2

© 1990 by Systhema Verlag GmbH, Kreiller Str. 156,
D-8000 München 82 / West-Germany
Alle Rechte vorbehalten
Umschlaggestaltung: B&S Werbeagentur, Lüdinghausen
Druck: Schoder Druck GmbH & Co. KG, Gersthofen
Herstellung/Gestaltung: Nieder PC-KnowHow GmbH, Voltastraße 3, 6072 Dreieich-Sprendlingen
Dieses Buch entstand mit Hilfe von PageMaker und dem Fotosatzgerät Linotronic 300 mit Postscript-Ausstattung.
Printed in W-Germany

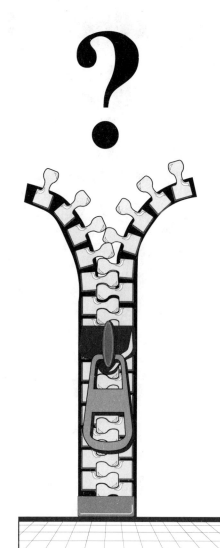

Inhalts-
verzeichnis

1	Vorwort	9
2	Was kann ich mit DEBUG machen?	13
3	Die Adressierung	17
3.1	Die Adressen des Hauptspeichers	19
3.2	Die Register	25
3.3	Die Adressierung auf Disketten und Festplatten	30
4	Der Aufruf von DEBUG	45
5	Die Befehle und deren Anwendung	51
6	Die Bearbeitung/Modifikation von Dateien und Programmen	93
6.1	Wie Sie die Bildschirmanzeigen von Programmen ändern können	96
6.2	Wie Sie Datendateien ändern können	102
6.3	Den Bootsektor einer Diskette oder Festplatte ändern	103
6.4	Eine gelöschte Datei wieder »sichtbar« machen	116
6.4.1	Die DOS-Inhaltsverzeichnisse	116
6.4.2	Die Dateizuordnungstabelle (FAT)	119
6.4.3	»Undelete« einer Datei	126
7	Die Erstellung von kleinen Programmen mit DEBUG	131
7.1	[Strg]+[Alt]+[Entf] bzw. [Ctrl]+[Alt]+[Del] verhindern	133
7.2	Text am Bildschirm ausgeben	136
7.3	Umstellen des Druckers	138
7.4	Zählschleifen in Stapeldateien	142
7.5	[Num ▪], [Rollen ▪] und [↓] ein- oder ausschalten	146
7.6	Schnelles Programm zum Computerneustart	149
7.7	Prüfen, ob eine Diskette eingelegt und lesbar ist	150
7.8	Das Formatieren von Disketten und Festplatten verhindern	154
7.9	Datei auf Vorhandensein und Größe prüfen	156
7.10	Eingaben in eine Stapeldatei	159
7.11	[Pause] und andere Tasten nicht zulassen	161
7.12	Prüfen, ob Laufwerk oder Verzeichnis vorhanden ist	163

Anhang

I	Beschreibung der wichtigsten symbolischen Maschinencodebefehle	167
II	Kurzübersicht der DEBUG-Befehle zum Nachschlagen	175
III	Umrechnungstabelle hexadezimal/dezimal	183

Stichwortverzeichnis **187**

1 Vorwort

Vorwort

Seit nunmehr etwa zehn Jahren arbeite ich mit Mikrocomputersystemen und mit DOS seit seinen Anfängen. Die meisten Hersteller liefern schon lange den Befehl DEBUG auf den Diskette mit aus. Vielleicht geht es Ihnen wie lange Zeit auch mir. Man sieht im Handbuch nach und versteht kaum etwas von dem, was dort an wenigem steht. Eines ist einem nach der Lektüre klar, der Befehl ist was für Spezialisten.

Aber wer ist schon Spezialist?

Ich habe mich immer wieder darüber geärgert, daß es da etwas im DOS gibt, was ich nicht ganz verstehe und wozu ich keine ausführliche Literatur erhalten kann. Hin und wieder steht mal was in PC-Magazinen, aber das erklärt es auch nicht ganz.

In den letzten Jahren wurde immer mehr zu DEBUG geschrieben und es ließ mich nicht mehr los. Das Geheimnis mußte enträtselt werden. Bücher gab es keine, die den Befehl verständlich erklärten und was man damit machen kann. Also machte ich mich selbst daran...

Leicht war es nicht, aber mit viel Mühe, vielen Spezialisten als Freunden und so manch anderer Quelle habe ich es geschafft. Jetzt, nachdem ich DEBUG »enträtselt« habe, stelle ich fest, so schwer war's eigentlich auch nicht.

Dieses Wissen, liebe(r) Leser(in), will ich Ihnen mit diesem Buch weitergeben. Daß der nützliche Befehl DEBUG auch Sie interessiert, haben Sie durch den Kauf dieses Buches bewiesen. Ich hoffe, daß es Ihnen wie mir geht und Sie noch viel Spaß und Freude mit dem »DEBUG enträtselt« haben werden.

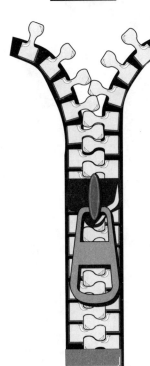

Was kann ich mit DEBUG machen ?

Was kann ich mit DEBUG machen? 15

Diese Frage stellt sich jedem, der das Programm zum ersten mal auf seiner Diskette oder Festplatte im Verzeichnis mit den DOS-Dateien findet. In der DOS-Literatur wird man dann häufig darauf hingewiesen, daß es sich primär um ein Testhilfeprogramm und Werkzeug für Programmierer handelt. Ferner wird oft vor der Anwendung gewarnt, da man mit DEBUG zum Beispiel sehr einfach seine Platteninhalte zerstören kann.

Dies alles ist selbstverständlich richtig. Das unsachgemäße Arbeiten mit DEBUG kann schnell zu zerstörten Daten führen. Aber *keine Angst*: kennt man erst einmal die Möglichkeiten und weiß mit dem Befehl umzugehen, stellt es eine sehr nützliche Hilfe zur Arbeit mit DOS dar.

Bevor Sie mit DEBUG anfangen zu arbeiten, müssen Sie sich erst einiges an *Basiswissen* aneignen. Das ist für Sie sehr wichtig, um so mehr Vorteile und Spaß werden Sie später bei der Arbeit haben. Gleichzeitig ist es wichtig, da dadurch Fehler vermieden werden und Sie verstehen, was Sie machen.

Wir wollen Ihnen in diesem Buch nicht beschreiben, wie Sie mit DEBUG Programme testen, Fehler suchen und korrigieren können, sondern praktische *Anwendungsmöglichkeiten* für den »täglichen« Gebrauch an die Hand geben.

Hierzu gehören zum Beispiel:

- Bildschirmtexte von Programmen ändern
- Ändern von Inhalten in Dateien
- Ändern des Bootsektors auf einer Diskette oder Festplatte
- Retten einer mit dem DOS-Befehl DEL gelöschten Datei
- Erstellung von kleinen, nützlichen Programmen (z.B. für die Eingabe von Daten in eine Stapeldatei)
- Verändern von Daten auf Disketten und Festplatten
- Verändern von Teilen im Hauptspeicher

Kaufen Sie sich hin und wieder eine *PC-Zeitschrift*, oder haben Sie eine oder mehrere im Abonnement? In diesen Magazinen findet man häufig kurze Programme abgedruckt. Meist werden die Programme auch hexadezimal aufgelistet. Die Eingabe können Sie mit DEBUG machen. Eine bessere Lösung bietet zum Beispiel das Magazin PC Technik an. Viele kleinen Programme werden darin in einer speziellen Form für die Eingabe mit DEBUG gezeigt.

Hier noch zwei wichtige Tips zur Arbeit mit diesem Buch:

- Lesen Sie unbedingt die ersten fünf Kapitel durch, bevor Sie sich selbst an die Arbeit mit DEBUG machen.
- Arbeiten Sie am besten immer erst mit einer Diskette! Dies schützt Ihre Daten auf der Festplatte vor versehentlicher Zerstörung.

3

Die Adressierung

Der Befehl DEBUG erfordert einiges an Grundwissen, bevor man beginnt, mit ihm zu arbeiten. Selbstverständlich könnten Sie vieles mit ihm machen, ohne daß Sie dieses Wissen besitzen. Empfehlenswert ist es nicht, da sonst zu leicht etwas schief gehen kann, ohne daß Ihnen klar ist, warum.

Daher wollen wir uns als erstes mit den *Adressen in Ihrem Computer* befassen, die sehr häufig in Verbindung mit DEBUG benötigt werden. Wie in einer Stadt gibt es auch im Hauptspeicher, auf den Disketten und der Festplatte »Hausnummern und Briefkästen«. Diese sind erforderlich, damit einmal abgelegte Daten wieder gefunden werden können.

Die Adressen im Computer sind uns selbstverständlich nicht ganz so geläufig, wie Straßen und Hausnummern. Aber bereits nach kurzer Einarbeitungszeit werden Sie feststellen, daß damit sehr leicht zu arbeiten ist. Etwas erschwerend ist die Tatsache, daß die Adressierung im internen Speicher (Hauptspeicher) unterschiedlich zu den externen Speichern (Diskette, Festplatte) ist. Aber auch das wird Ihnen nach den folgenden Seiten kaum noch Schwierigkeiten bereiten.

»Damit es nicht zu einfach wird«, verwenden Computersysteme für Adressen *hexadezimale Zahlen*. Aber keine Angst, es wird dabei nur statt wie gewohnt von 0 bis 9, von 0 bis F (0 bis 9 und A bis F) numeriert (16er Zahlensystem). Zu Ihrer Hilfe finden Sie im Anhang eine Umrechnungstabelle. Das Rechnen mit diesem Zahlensystem wird Ihnen schon nach kürzester Zeit keine Probleme mehr bereiten. Hexadezimale Zahlen werden in diesem Buch immer mit einem folgenden »h« dargestellt (z.B. FFh).

Neben einer Umrechnungstabelle finden Sie im Anhang III auch einige Beispiele zur Arbeit damit. Am besten üben Sie den Umgang mit den hexadezimalen Zahlen, damit Sie Routine in der Anwendung bekommen. In diesem Kapitel lernen Sie die Anwendung in Verbindung mit der Adressierung im Hauptspeicher und auf den externen Speichern.

Nachdem Sie bei der Arbeit mit DEBUG vor allem mit Adressen des internen Speichers zu tun haben, befassen wir uns damit als erstes.

3.1 Die Adressen des Hauptspeichers

Der interne Speicher unter DOS, besitzt keine durchgehende Numerierung von 0 bis 1 Mbyte, sondern ist in Segmente unterteilt. Damit ist für die Darstellung einer Adresse immer eine sogenannte Segment- und Offsetadresse notwendig.

Es gibt drei verschiedene Arten von Adressen:

- physikalische Adresse (20-Bit-Adresse)
- Segment-Adresse (16-Bit-Adresse)
- Offset-Adresse (16-Bit-Adresse)

In Verbindung mit dem Programm DEBUG haben wir es mit den Segment- und Offset-Adressen zu tun. Eine weitere wichtige »Adreßart« stellen die sogenannten *Paragraphen* dar.

Paragraphen beginnen an jeder 16-Byte-Adresse im Hauptspeicher. Die Länge eines solchen Datenblocks ist ebenfalls immer 16 Byte. Ein Segment kann maximal 64 Kbyte lang sein und beginnt immer an einer Paragraphen-Adresse. Die Speicheradresse muß ohne Rest durch 16 (Fh) teilbar sein.

Die 20 Bit lange *physikalische Adresse* wird für die Angabe von Speicherblöcken benutzt und als fünfstellige hexadezimale Zahl dargestellt. Der Wertebereich liegt zwischen 00000h und FFFFFh (0 bis 1.048.576). Der Bereich wird in *16 Blöcke* zu je 64 Kbyte unterteilt.

Der Block 0 umfaßt den Adreßbereich 00000h bis 0FFFFh und der Block 15 denjenigen von F0000h bis FFFFFh. Der 8088-Prozessor kann *nur 16-Bit-Adressen* verarbeiten. Da DOS auf diesem Prozessor aufbaut und dazu auch heute noch kompatibel ist, können Sie auch bei DEBUG nur 16-Bit-Adressen verwenden. Dies ist unabhängig davon, ob Sie einen PC beispielsweise mit einem 20-, 24- oder 32-Bit-Adreßbus besitzen.

Block	startadresse	Inhalt
15	F000:0000	ROM-BIOS usw.
14	E000:0000	ROM-Cartridge-Bereich
13	D000:0000	ROM-Cartridge-Bereich
12	C000:0000	ROM-BIOS-Erweiterungen(z.B. Festplatten)
11	B000:0000	Bildschirmspeicher (Video-RAM)
10	A000:0000	erweiterter Bildschirmspeicher (EGA/VGA)
9	9000:0000	interner Speicher (RAM) bis 640 Kbyte
8	8000:0000	interner Speicher (RAM) bis 576 Kbyte
7	7000:0000	interner Speicher (RAM) bis 512 Kbyte
6	6000:0000	interner Speicher (RAM) bis 448 Kbyte
5	5000:0000	interner Speicher (RAM) bis 384 Kbyte
4	4000:0000	interner Speicher (RAM) bis 320 Kbyte
3	3000:0000	interner Speicher (RAM) bis 256 Kbyte
2	2000:0000	interner Speicher (RAM) bis 192 Kbyte
1	1000:0000	interner Speicher (RAM) bis 128 Kbyte
0	0000:0000	interner Speicher (RAM) bis 64 Kbyte durch Betriebssystem belegt (Vektortabelle, DOS- und BIOS-Variablen, DOS-Kernel)

Die *Blöcke 0 bis 9* sind als *konventioneller Hauptspeicher* »reserviert«. Damit ergibt sich gleichzeitig auch die Beschränkung von 640 Kbyte unter DOS. Die Mindestspeichergröße beträgt 64 Kbyte (1 Segment). Für die Lauffähigkeit von zum Beispiel DOS 4.0 sind mindestens 256 Kbyte erforderlich. Die Mindestgröße von eined Segments ergibt sich aus der Nutzung des Systems, da in den Block 0 die Vektortabelle, der DOS-Kernel usw., geladen werden.

Sind in Ihrem Computer zum Beispiel nur 256 Kbyte installiert, fehlen die Blöcke 4 bis 9. Die Speicherblöcke 0 bis 9 müssen immer ohne Unterbrechung aneinander anschließen. Zwischen den einzelnen Hauptspeicherblöcken darf kein Freiraum bestehen (Blöcke 0 bis 9). Bei dem Versuch auf einen nicht vorhandenen Hauptspeicherblock zuzugreifen, ist das Ergebnis nicht absehbar.

Der *Block 11* wird von der *Monochrom- und Farbgrafikkarte* verwendet. Die Monochromkarte (ab B0000h) nutzt die unteren, die Colorkarte (ab B8000h) die oberen 32 Kbyte. Dabei verwenden die einzelnen Videokarten immer nur soviel Speicher von den 32 Kbyte, wie sie benötigen. Die Monochromkarte benötigt 4 Kbyte und die CGA-Karte 16 Kbyte. Der Block 11 wird »scheinbar« für alle Videokarten zur Speicherung der Bildschirmdaten benutzt, also auch für EGA, PGA, VGA usw. Dabei dient der *Block 10* als *erweiterter Videospeicher* für verschiedene Videomodi der Karten zu EGA, VGA usw.

Bei den *Blöcken 12 bis 15* handelt sich nicht um RAM, sondern um *ROM*. Aus diesem Bereich kann »nur gelesen« werden. Eine Ausnahme bilden Treiber, die in diesem Speicherbereich installiert werden können (CONFIG.SYS). Treiber erweitern DOS, damit dieses Hardware in einer vom Treiber festgelegten Art erkennt und damit arbeiten kann.

Im Block 12 werden BIOS-Routinen untergebracht, die nicht im ursprünglichen BIOS-Kern von DOS enthalten sind. Dazu gehören zum Beispiel die Routinen zur Unterstützung der Festplatte, die durch den Einbau eines Festplattencontrollers automatisch vorhanden sind.

Die *Blöcke (12) 13 bis 14* werden zum Beispiel für EMS-Treiber bzw. deren physikalische Seiten verwendet, falls Sie Expanded Memory mit EMS benutzen. Beachten Sie hierzu die »X«-Befehle von DEBUG. Derartige Treiber sind zum Beispiel EMS.SYS, EMM 386.SYS und EXMA2EMS.SYS.

Im *Block 15* befinden sich die eigentlichen BIOS-Routinen, der sogenannte Urlader für den Start des Computers beim Einschalten und beim IBM-PC auch das ROM-Basic.

Beachten Sie bitte, daß unter *MS-Windows* teilweise sogenannte Large-Frames verwendet werden und dabei von Windows die Speichereinteilung »verändert« wird. Auf die Verwendung von DEBUG sollten Sie dabei verzichten. Hierzu gibt es für Programmierer ein eigenes Programm, den CodeView-Debugger.

Die physikalische Adresse wird intern immer aus zwei Adressen gebildet (zwei Registerinhalte), der Segment- und Offsetadresse:

Segmentadresse:

15   0

Offsetadresse:

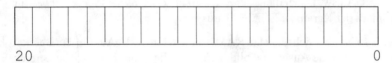

15   0

Physikalische Adresse:

20   0

Wie Sie aus der vorstehenden Abbildung erkennen können, kann die physikalische Adresse sehr einfach errechnet werden. Die Segmentadresse wird um ein Halbbyte nach links verschoben und zur Offsetadresse addiert. Sollten Sie Probleme beim Rechnen mit hexadezimalen Zahlen haben, rechnen Sie diese erst in dezimal um, addieren die beiden Werte und rechnen das Ergebnis wieder in eine hexadezimale Zahl um.

Wie bereits erwähnt, kann jedes Segment bis zu 64 Kbyte Speicher enthalten. Es kann an jeder Stelle im Hauptspeicher beginnen, deren Adresse durch 16 ohne Rest geteilt werden kann. Das Ergebnis wird auch als *Segmentadresse* oder Segmentparagraph bezeichnet.

Um zu einer Speicherzelle zu gelangen, fehlt noch die relative Adresse (Offsetadresse). Dieser Wert wird immer relativ zu einer Segmentadresse angegeben. Dadurch ist es möglich, eine Speicherzelle mit unterschiedlichen Segment- und Offsetadressen anzusprechen. Die beiden Adressen werden immer durch einen Doppelpunkt getrennt angegeben.

Hier ein Beispiel für das Rechnen mit den Adressen:

Segment-/Offsetadresse	2E40:B20A
Segmentadresse um 1 Halbbyte nach links	2E400
Offsetadresse	B20A
Physikalische Adresse	3960A

Segment-/Offsetadresse	3960:000A
Segmentadresse um 1 Halbbyte nach links	39600
Offsetadresse	000A
Physikalische Adresse	3960A

Wie Sie an vorstehendem Beispiel erkennen können, ergibt sich in beiden Fällen als Adresse die gleiche Speicherzelle.

Es gibt für das *Addieren und Subtrahieren* mit hexadezimalen Zahlen eine sehr einfache Methode:

```
  2  E  4  0  0
     B  2  0  A
  3  9  6  0  A
```

Die letzten drei Stellen im Ergebnis sind einfach zu errechnen. Aber wie ergibt sich die Summe aus Eh und Bh? Hierzu betrachten wir uns die letzten beiden Spalten aus der Umrechnungstabelle im Anhang III. Die Ziffern 0 bis 9 sind im dezimalen und hexadezimalen System identisch. Die Buchstaben Ah bis Fh stellen die Wertigkeiten 10 bis 15 dar. Daraus ergibt sich für Eh der Wert 14 und für Bh der Wert 11. Addiert man die beiden Zahlen ergibt dies 25. 10h ist dezimal 16 und stellt den Übertrag auf die nächste Zahl dar (2h + 1h = 3h). Wir subtrahieren 16 von 25 und erhalten als Rest die Zahl 9, die wir im Ergebnis einsetzen.

Mit dieser relativ einfachen Art des Rechnens können Sie in Verbindung mit DEBUG problemlos alle hexadezimalen Hürden überwinden.

Mit DEBUG können Sie auch Dateien laden, die größer als ein Segment sind und damit 64 Kbyte überschreiten. Die Befehle zum Dienstprogramm arbeiten aber nur innerhalb des aktuellen oder angegebenen Segments.

Beispiel:

```
debug datei.dbf
-d
34A0:0100
...
34A0:FFF0
```

Mit der wiederholten Anwendung des Befehls »d« wird der Speicherinhalt am Bildschirm angezeigt. An der Segmentgrenze beginnt DEBUG damit wieder von vorne.

Um diese Grenze zu überwinden, müssen wir die Adresse des nächsten Segments errechnen. Dies ist aber nicht 34A1h, da diese Adresse nur um 16 Byte über 34A0h liegt (34A0:0010).

Aber keine Angst, dies ist sehr einfach. Sie erhöhen lediglich die erste Stelle der Segmentadresse um eins und setzen mit der Offsetadresse 0000h Ihre Arbeit fort:

d 44A0:0

Segment-/Offsetadresse	34A0:0000
Segmentadresse um 1 Halbbyte nach links	34A00
Offsetadresse addieren	FFF0
Physikalische Adresse	44A00
Neue Segmentadresse	44A0
Neue Offsetadresse	0000

Bei der Angabe von Adressen können Sie wie in vorstehendem Beispiel für die Eingabe mit dem »D«-Befehl die führenden Nullen weglassen.

Betrachten wir uns die *hexadezimalen Adreßangaben* etwas genauer.

Wie Sie sicherlich schon einmal gehört haben, besteht ein Byte aus 8 Bits. Bits stellen die kleinst mögliche Informationseinheit in einem Computer dar. Glücklicherweise brauchen wir uns aber nicht weiter mit diesem sogenannten dualen Zahlensystem beschäftigen. DEBUG macht dies automatisch für Sie.

Mit 8 Bits bzw. 1 Byte können alle Ziffern, Buchstaben usw. dargestellt werden. Um ein *Byte* darstellen zu können, benötigen wir *zwei hexadezimale Zeichen* (00h bis FFh). Daraus ergeben sich 256 verschiedene Kombinationen.

Daraus ergibt sich, daß jede *Adresse* aus 2 Byte bzw. 4 hexadezimalen Zeichen besteht. Im Gegensatz zu DEBUG, verwendet man in Programmen eine etwas modifizierte Darstellung von Adressen. Adressen bzw. 2-Byte-Kombinationen werden als »Wort« bezeichnet. Die 2 Byte, aus denen ein »Wort« besteht, vertauscht man in Programmen.

Beispiel:

```
»Wort«    25A0h
Adresse   A025h
```

Dabei werden die Bits 0 bis 7 (Low-Byte) an der unteren Speicherstelle und die Bits 8 bis 15 (High-Byte) an der oberen Speicherstelle gespeichert. Dies gilt auch für Adressen, die in der Form einer Segment- und Offsetadresse angegeben werden. Für beide Angaben wird ein »Wort« verwendet.

Zusätzlich gibt es noch das »Doppelwort«. Dies sind 32-Bit-Zahlen und werden in Form von zwei »Wort« gespeichert. Dabei werden die Bits 0 bis 15 vor den Bits 16 bis 31 im Hauptspeicher abgelegt. Das »Doppelwort« wird verwendet, wenn in Programmen eine Angabe mit Segment- und Offsetadresse erfolgt.

3.2   Die Register

Bisher haben wir uns nur mit den Adressen im Hauptspeicher befaßt. Zusätzlich gibt es noch kleine sehr schnelle Speicher, die sich im Prozessor selbst befinden. Für sämtliche Arbeiten mit Adressen verwendet das System die Register.

Der 8088-Prozessor hat *14 Register*. Da DOS unabhängig vom verwendeten Computer zu diesem Prozessor kompatibel ist, können Sie auch nur 14 Register verwenden. Mit DEBUG haben Sie die Möglichkeit, die Register mit ihren Inhalten anzuzeigen und zu verändern.

Jedes der 14 Register hat eine Größe von 2 Byte (16 Bit). Der kleinste speicherbare Wert ist 0 (0000h), der größte 65.535 (FFFFh), wenn alle 16 Bit auf 1 gesetzt sind.

Register und deren *Hauptaufgaben*:

Zwischenspeicherregister:		
AX	Akkumulator	Wird vor allem für arithmetische Operationen verwendet
BX	Basisregister	Zeiger auf Tabellen und zur Aufnahme einer Offsetadresse
CX	Zählregister	Für Schleifenoperationen
DX	Datenregister	Für beliebige Zwecke

Segementregister:		
CS	Codesegment	Segmentadresse für das laufende Programm
DS	Datensegment	Segmentadresse für die aktuellen Daten
SS	Stapelsegment	Segmentadresse für den Stapel bzw. temporären Arbeitsbereich
ES	Extrasegment	Wenn der Datenbereich größer als 64 Kbyte ist (Unterstützung von DS) - zusätzlich kann es für den Datenaustausch zwischen den Segmenten genutzt werden

Offsetregister:		
IP	Befehlszeiger	Das Register enthält die Offsetadresse des aktuellen Programmbefehls. Mit dem Inhalt des Registers CS kann die aktuelle physikalische Adresse im Hauptspeicher errechnet werden.
SP	Stapelzeiger	Das Register enthält die Offsetadresse der höchsten Stelle des Stapels. Mit dem Inhalt des Registers SS kann die physikalische Adresse im Hauptspeicher errechnet werden. SP wird automatisch verändert, wenn Sie die symbolischen Maschinensprachebefehle PUSH und POP verwenden.
BP	Basiszeiger	Offsetadresse für den Stapel, und kann nach Bedarf genutzt werden
SI	Quellenindex	Für die Offsetadresse innerhalb eines Datenfeldes. Die physikalische Adresse kann in Verbindung mit der Segment- und Offsetadresse errechnet werden. SI wird meist für die Datenübertragung im Hauptspeicher verwendet.
DI	Zielindex	Indexregister wie SI, aber für die Zieladresse im Hauptspeicher

Einzelnen Registern sind spezielle Aufgaben vom System zugeordnet. Die *Zwischenspeicherregister* mit den Bezeichnungen AX, BX, CX und DX können als *Halb- oder Vollregister* genutzt werden. Halbregister haben eine Länge von 1 Byte und werden statt mit dem »X« mit einem H(igh) oder L(ow) bezeichnet (AH, AL, BH, BL usw.).

In Verbindung mit der Registerverwendung sind die beiden symbolischen Maschinensprachebefehle PUSH und POP wichtig, die ich in den folgenden Kapiteln noch beschreiben werde.

Die einzelnen Segmente überlagern sich oft teilweise oder ganz. Führen Sie mit DEBUG ein Programm aus (z.B. mit dem Befehl »G«) und wollen Sie sich zwischendurch die Registerinhalte anzeigen lassen, werden Sie derartige Überlappungen oft feststellen.

Beispiel:

SS=591Ah	Stack	591A0h
DS=541Ah	Daten	541A0h
CS=4C1Ah	Programmcode	4C1A0h

Links neben dem Kasten sind die Inhalte der Segmentregister und rechts die physikalischen Adressen angegeben:

Stack-Größe   2 Kbyte
Daten-Größe   20 Kbyte
Programmcode-Größe   32 Kbyte

Jedes der drei Segmentregister enthält als Startadresse den Anfang eines Paragraphen im Hauptspeicher. Da keiner der drei Programmbereiche 64 Kbyte groß ist, überlappen sich die drei Segmente.

Sicher haben Sie schon bemerkt, daß noch ein Register fehlt. Dieses wird *Flag-Register* genannt und hat eine besondere Funktion. Es stellt eine Sammlung von Kontroll- und Statusinformationen (je ein Bit), Flags genannt, dar. Die Registerbezeichnung ist »F«.

Von den 16 möglichen Flags werden nur neun vom System verwendet. Ein Flag kann immer nur *ein- oder ausgeschaltet* sein.

Status-Flags:		
AF	Auxiliary Carry Flag	Überlauf der unteren 4 Bits in die oberen bei einer Rechenoperation
CF	Carry Flag	Übertrag bei einer Rechenoperation (wird auch von vielen DOS-Funktionen verwendet)
OF	Overflow Flag	Überlauf während einer Rechenoperation
SF	Sign Flag	Negatives Ergebnis beim Rechnen oder Vergleichen
PF	Parity Flag	Anzahl der 1er-Bit ist gerade
ZF	Zero Flag	Ergebnis gleich Null beim Rechnen bzw. kein Unterschied beim Vergleichen

Kontroll-Flags:

DF	Direction Flag	Richtungskontrolle links/rechts bei Wiederholfunktionen bzw. Zeichenkettenoperationen
IF	Interrupt Flag	Die CPU kann damit maskierbare, externe Interrupt-Anfragen erkennen. Kontrolliert, ob der Interrupt zugelassen wird.
TF	Trap Flag	Prozessor in Einzelschritt-Modus für das Debugging umschalten. Damit kann mit DEBUG ein Programm Schritt für Schritt in der Abarbeitung kontrolliert werden.

Für die *Anzeige und Änderung von Registerinhalten* kann der DEBUG-Befehl »R« verwendet werden.

Beispiel für die Anzeige aller Register mit den aktuellen Inhalten:

```
debug
-r

AX=0000  BX=0000  CX=0000  DX=0000  SP=FFEE  BP=0000  SI=0000  DI=0000
DS=2131  ES=2131  SS=2131  CS=2131  IP=0100  NV UP EI PL NZ NA PO NC
2131:0100 015E20      ADD      [BP+20],BX             SS:0020=FFFF
-q
```

Weitere Informationen zum Register-Befehl finden Sie im Kapitel 5.

3.3 Die Adressierung auf Disketten und Festplatten

Eine der wesentlichen Aufgaben des Betriebssystems DOS ist die Verwaltung von Dateien. Erst diese Möglichkeit der Speicherung von Daten und Programmen auf *externen Massenspeichern* (z.B. Disketten und Festplatten) macht die Arbeit mit dem Computer sinnvoll.

Die Verwaltung der Daten auf externen Speichern erfolgt vollkommen anders als im Hauptspeicher.

DOS *speichert* Dateien auf Disketten und Festplatten gestreut bzw. *dynamisch*. Die Verwaltung wird vollkommen automatisch und für Sie normalerweise unsichtbar vom Betriebssystem vorgenommen.

Wahrscheinlich ist Ihnen bei der Arbeit mit Dateien gar nicht bewußt, daß die Dateien nicht unbedingt zusammenhängend und folgerichtig auf der Platte so vorliegen, wie diese im Inhaltsverzeichnis angezeigt werden. Das Betriebssystem sieht bei jedem Schreib- oder Lesevorgang immer erst in verschiedenen Tabellen nach, wo sich die einzelnen Blöcke einer Datei befinden.

Würde DOS alle Programme und Datendateien immer zusammenhängend speichern, könnte die Arbeit mit Ihrem Computer nur sehr langsam ablaufen. Jedesmal, wenn Sie eine Datei löschen, müßte DOS alle danach gespeicherten Dateien nach vorne verschieben. Ein großes Problem würde auch beim Speichern entstehen, wenn eine Datei kleiner oder größer geworden wäre. In diesem Fall müßte DOS den alten Stand auf der Platte löschen, die anderen Dateien soweit verschieben, bis die zu speichernde Datei entsprechend Platz findet. Sie sehen, eine derartige Vorgehensweise wäre für das »flotte« Arbeiten am Computer ein großes Hindernis. Ein großes Problem würde auch dann entstehen, wenn während des Verschiebens ein Stromausfall oder ein Systemabsturz auftreten würde.

Für die Bearbeitung und Modifikation von Dateien und Teilen der Diskette oder Festplatte müssen wir uns näher mit der Verwaltung der Datenträger befassen.

Mit allen PCs und PS/2-Systemen besteht die Möglichkeit, auf einzelne Bereiche einer Diskette oder Festplatte durch *Adressierung blitzschnell* zuzugreifen.

Im wesentlichen werden zwei verschiedene Tabellen von DOS benutzt, das *FAT* (File Allocation Table bzw. Zuordnungstabelle) und die *Inhaltsverzeichnisse*.

Speichern Sie eine Datei, sucht sich DOS in der FAT den ersten freien Bereich auf der Platte und speichert dort Daten. Reicht dieser Bereich nicht aus, wird die FAT erneut durchsucht, bis der nächste unbenutzte Bereich gefunden wird. Dieser Vorgang wird so lange wiederholt, bis alle Daten gespeichert sind.

Bevor wir uns jetzt die einzelnen Tabellen und die dynamische Speicherverwaltung näher ansehen, müssen wir uns erst einmal mit der Einteilung von *Disketten und Festplatten* beschäftigen.

Eine Platte ist *physikalisch* in Seiten, (konzentrischen) Spuren und Sektoren eingeteilt. Festplatten bestehen in der Regel aus mehreren übereinanderliegenden Platten. Die auf diesen Platten übereinander liegenden Spuren werden als Zylinder bezeichnet. Von der Dichte der Spuren auf den Plattenoberflächen, sowie der Anzahl der Sektoren jeder Spur, hängt die Kapazität einer Diskette und Festplatte ab.

Bevor eine Diskette oder Festplatte verwendet werden kann, muß Sie mit einem Formatierprogramm vorbereitet werden (z.B. FORMAT). Unformatiert handelt es sich lediglich um Scheiben mit homogenen Magnetpartikelchen. Das Formatprogramm bringt die »Adressierung« auf den Scheiben auf.

Betrachten wir uns nun die Datenträger etwas genauer. Die Seite einer Diskette oder Festplattenscheibe ist eine Speicherfläche, um deren Mittelpunkt konzentrische Kreise verlaufen. Diese werden Spuren genannt, die wiederum in eine beim Formatieren vom Betriebssystem oder von Ihnen festgelegte Anzahl von Sektoren unterteilt wird. Das Ganze sieht dann bildlich wie eine in einzelne Stücke aufgeteilte Torte aus.

Am Anfang einer Diskette oder einer Festplatte befindet sich eine Tabelle, in der alle notwendigen Angaben gespeichert sind (Sektorgröße usw.). Diese Tabelle wird BIOS Parameter Block (BPB) genannt. Im Kapitel 6 werden wir uns den BPB einer Diskette näher ansehen.

Aufgrund der Daten einer Diskette oder Festplatte, die wir im BPB finden, kann die tatsächlich zur Verfügung stehende Speicherkapazität errechnet werden.

Kapazität	Seiten	Spuren pro Seite	Sektoren pro Spur	Sektoren pro Cluster	Byte pro Sektor
160 Kbyte	1	40	8	1	512
180 Kbyte	1	40	9	1	512
320 Kbyte	2	40	8	2	512
360 Kbyte	2	40	9	2	512
640 Kbyte	2	80	8	4	512
1,2 Mbyte	2	80	15	1	512
720 Kbyte	2	80	9	2	512
1,44Mbyte	2	80	18	1	512
20,4Mbyte	4	615	17	2	512

Bei den ersten sechs Einträgen in der Tabelle handelt es sich um 5,25-Zoll- und den nächsten beiden um 3,5-Zoll-Disketten. Der letzte Eintrag stellt eine Festplatte dar.

Die *Kapazität* kann sehr leicht anhand der folgenden Formel errechnet werden:

$$\text{Seiten} * \text{Spuren/Seite} * \text{Sektoren/Spur} * \text{Byte/Sektor}$$

Das Ergebnis ist die Anzahl der insgesamt verfügbaren Byte. Den Kbyte-Wert erreichen Sie durch eine Division mit 1.024. Teilen Sie das Ergebnis noch einmal durch 1.024, erhalten Sie die Kapazität in Mbyte.

Sind Ihnen die Daten Ihrer Festplatte oder Diskette nicht bekannt, können Sie diese mit Hilfe von DEBUG aus dem BPB entnehmen (Kapitel 6).

Die *Sektoren* einer Diskette oder Festplatte erhalten beim Formatieren eine durchgehende Numerierung. Die Adressierung bzw. Verwaltung von DOS erfolgt nicht über Sektoren, sondern über sogenannte *Cluster*. Wieviele Sektoren ein Cluster enthält, findet man als Information ebenfalls im BPB. Der Cluster stellt also die kleinste adressierbare Einheit für DOS auf einer Platte dar.

Das Konzept der dynamischen Speicherverwaltung mit Clustern hat aber auch einen *Nachteil*. Speichern Sie viele kleine Dateien oder arbeiten Sie unter DOS 4.0 mit einer sehr großen Festplatte, kann sehr viel Platz unbenutzt verloren gehen. Es werden immer soviele Cluster mit Daten gefüllt, bis eine Datei komplett gespeichert ist. Dabei kann es vorkommen, daß der letzte Teil der Datei mit nur einem oder sehr wenigen Zeichen in einem letzten Cluster gespeichert werden. Der restliche, im Cluster noch freie Platz, ist damit verloren.

Je größer die Kapazität eines Clusters ist, desto größer kann der durch diese Methode verlorene Platz auf einer Festplatte oder Diskette sein.

Kehren wir aber zurück zur Verwaltung der Platten und den dazu notwendigen Tabellen. DOS benötigt hierzu wie bereits erwähnt als erstes die Informationen aus dem BIOS Parameter Block. Daran anschließend befindet sich auf der Festplatte die *Dateizuordnungstabelle* (FAT).

Jeder *Cluster* auf der Diskette oder Festplatte besitzt einen eigenen Eintrag in der FAT. Wie ich Ihnen bereits erklärt habe, sind die Sektoren und damit auch die Cluster auf einer Platte der Reihe nach aufsteigend numeriert. In der gleichen Reihenfolge hat jeder Cluster auch einen eigenen Eintrag in der FAT. Damit ist zum Beispiel der zehnte Cluster auf einer Platte dem zehnten Eintrag in der FAT zugeordnet. Die Clusterreihenfolge bestimmt also die Position in der FAT.

Damit läßt sich aber noch nicht feststellen, wo die einzelnen Dateien mit welchen Namen auf der Platte gespeichert sind. Hierzu benötigen wir noch die *Inhaltsverzeichnisse*. Diese enthalten die Dateinamen, die Nummer des ersten Clusters, ab dem die dazugehörigen Daten gespeichert sind, sowie eine Reihe von weiteren Informationen.

Mit der Nummer des ersten Clusters kann der Anfang der Datei auf der Platte gefunden werden. Gleichzeitig läßt sich der dazugehörige Eintrag in der FAT feststellen. Dort können sich verschiedene relevante Einträge befinden, die die weitere Vorgehensweise bestimmen.

12-Bit-FAT	16-Bit-FAT	Bedeutung
000h	0000h	Cluster nicht belegt
FF0h-FF6h	FFF0h-FFF6h	Cluster reserviert
FF7h	FFF7h	Cluster schadhaft
FF8h-FFFh	FFF8h-FFFFh	Letzter Cluster zur Datei
Andere Werte	Andere Werte	Nächste Clusternummer

Löschen Sie eine Datei, wird in der FAT an jede Position, die vorher mit den Nummern der nächsten Cluster belegt war, der Wert 000h geschrieben und der Plattenspeicher damit frei gegeben.

Die *Clustergröße* bei Festplatten liegt heute in den meisten Fällen bei 2 Kbyte (2.048 Zeichen) und die Sektorgröße bei 512 Byte. In einer FAT können maximal 16.384 bzw. ab DOS 4.0 65.535 Einträge abgelegt werden. Mit DOS 4.0 wurde daher erreicht, daß ein Laufwerk maximal bis zu 2 Gbyte groß sein kann.

Die FAT befindet sich grundsätzlich ab dem zweiten Sektor auf der Diskette oder Festplatte. Die Größe der FAT wird im ersten Sektor im BPB gespeichert. Normalerweise befinden sich von der FAT zwei Kopien nacheinander auf dem Datenträger. Dies ist aus Sicherheitsgründen sehr wichtig.

Hat eine Festplatte mehr als 4.078 Cluster, beinhaltet die FAT 16-Bit-Einträge, sonst 12-Bit-Einträge. Die ersten beiden Einträge in der Tabelle haben eine Sonderfunktion. Im ersten Byte steht das *Media Descriptor Byte*:

F0	3,5-Zoll-Diskette	1,44 Mbyte	ab DOS 3.3
F8	Festplatte		ab DOS 2.0
F9	5,25-Zoll-Diskette	1,2 Mbyte	ab DOS 3.0
F9	3,5-Zoll-Diskette	720 Kbyte	ab DOS 3.2
FC	5,25-Zoll-Diskette	180 Kbyte	ab DOS 2.0
FD	5,25-Zoll-Diskette	360 Kbyte	ab DOS 2.0
FD	8-Zoll-Diskette		ab DOS 2.0
FE	5,25-Zoll-Diskette	160 Kbyte	ab DOS 1.0
FE	8-Zoll-Diskette		ab DOS 1.0
FE	8-Zoll-Diskette		ab DOS 1.0
FF	5,25-Zoll-Diskette	320 Kbyte	ab DOS 1.1

Nach dem Media Descriptor Byte folgen 2 (12-Bit-FAT) oder 3 Byte (16-Bit-FAT), die immer FFh enthalten.

Der erste eigentliche Eintrag, der dann folgt, verweist immer auf den ersten Cluster nach dem Hauptverzeichnis, das sich nach der FAT auf der Diskette oder Festplatte befindet und eine feste Größe besitzt.

Um mit den einzelnen Tabellen und Einträgen arbeiten zu können, benötigen Sie jetzt einige Informationen zum *BIOS Parameter Block*:

Adresse	Länge	Inhalt	ab DOS
000Bh	1 Wort	Byte pro Sektor	2.0
000Dh	1 Byte	Sektoren pro Cluster	2.0
000Eh	1 Wort	Reservierte Sektoren am Plattenanfang	2.0
0010h	1 Byte	Anzahl FATs	2.0
0011h	1 Wort	Anzahl Einträge im Hauptverzeichnis	2.0
0013h	1 Wort	Gesamtsektoren (bis 32 Mbyte, sonst 0000h)	2.0
0015h	1 Byte	Media Descriptor Byte	2.0
0016h	1 Wort	Sektorenzahl für eine FAT	2.0
0018h	1 Wort	Sektoren pro Spur	3.0
001Ah	1 Wort	Anzahl der Schreib-/Leseköpfe bzw. Seiten	3.0
001Ch	1 Wort	Anzahl der versteckten Sektoren	3.0
001Ch	Doppelwort	Anzahl der versteckten Sektoren	4.0
0020h	Doppelwort	Gesamtsektoren (bei über 32 Mbyte)	4.0
0024h	1 Byte	Physikalische Laufwerksnummer	4.0
0025h	1 Byte	Reserviert	4.0
0026h	1 Byte	Kennzeichen für erweiterten Bootsektor	4.0
0027h	Doppelwort	Datenträgernummer	4.0
002Bh	11 Byte	Datenträgername	4.0
0036h	8 Byte	Reserviert	4.0

Adresse	Inhalt	Hex	Dez
000Bh	Byte pro Sektor	0200	512
000Dh	Sektoren pro Cluster	04	4
000Eh	Reservierte Sektoren am Plattenanfang	0001	1
0010h	Anzahl FATs	02	2
0011h	Anzahl Einträge im Hauptverzeichnis	0200	512
0013h	Gesamtsektoren (bis 32 Mbyte, sonst 0000h)	A307	41735
0015h	Media Descriptor Byte	F8	
0016h	Sektorenzahl für eine FAT	0029	41
0018h	Sektoren pro Spur	0011	17
001Ah	Anzahl der Schreib-/Leseköpfe bzw. Seiten	0004	4
001Ch	Anzahl der versteckten Sektoren		
001Ch	Anzahl der versteckten Sektoren	00000011	17
0020h	Gesamtsektoren (bei über 32 Mbyte)	00000000	
0024h	Physikalische Laufwerksnummer	80	128
0025h	Reserviert	00	
0026h	Kennzeichen für erweiterten Bootsektor	29	
0027h	Datenträgernummer	226A-16D8	
002Bh	Datenträgername		
0036h	Reserviert		

Bei dem vorstehenden Beispiel handelt es sich um eine Festplatte mit 20 Mbyte Kapazität, auf der die DOS-Version 4.0 installiert ist. Wie Sie anhand der Übersicht erkennen können, hat sich der BPB mit Einführung der Version 4.0 erheblich geändert. Damit die Kompatibilität zu älteren Versionen gewahrt bleibt, wurden die alten Einträge nicht geändert, sondern lediglich erweitert.

Bei der *Modifikation des BPB* sollten Sie immer sehr vorsichtig sein, vor allem wenn es sich um Ihre Festplatte handelt. Ein falscher Eintrag oder Fehler kann verheerende Folgen haben! Es kann zum Verlust aller Daten auf dem Datenträger kommen - also immer vorher sicherheitshalber eine Datensicherung durchführen.

Wie bereits früher in diesem Kapitel erwähnt, müssen bei einem *Wort* die beiden Byte immer vertauscht werden. Ein *Doppelwort* lesen Sie am besten byteweise von rückwärts.

Bei der *Umrechnung* der hexadezimalen Inhalte im BPB hilft Ihnen die Tabelle im Anhang III zu diesem Buch.

Wir wollen jetzt als Beispiel einmal einige Daten zur 20-Mbyte-Festplatte aus der vorherigen Tabelle errechnen:

Bootsektor mit dem BPB (Adresse 000Eh)	1	Sektor
FAT-Größe (Adresse 0016h)	41	Sektoren
Kopie der FAT (Adresse 0010h)	41	Sektoren
Hauptverzeichnis (Adresse 0011h)	32	Sektoren
Größe des reservierten Bereichs am Anfang	115	Sektoren
Gesamtzahl der Sektoren (Adresse 0013h)	41.735	Sektoren
- reservierte Sektoren	115	Sektoren
Frei verfügbare Sektoren	41.620	Sektoren
Sektoren je Cluster (Adresse 000Dh)	4	Sektoren
Byte pro Cluster	2.048	Byte
Frei verfügbare Cluster	10.405	Cluster
Festplattenkapazität (Cluster * 2.048)	21.309.440	Byte
	20.810	Kbyte
	20	Mbyte

Die *Größe des Hauptverzeichnis* kann nicht direkt aus dem BPB abgelesen werden. Sie finden lediglich die Anzahl der Einträge. Daraus kann sehr leicht die Größe in Sektoren errechnet werden:

Anzahl der Einträge * 32 Byte / Byte pro Sektor

Beispiel für die Errechnung der Größe des Hauptverzeichnisses unserer Festplatte mit 20 Mbyte:

512 * 32 / 512 = 32 Sektoren

Ab DOS 4.0 wird mit dem Befehl *CHKDSK* auch die Anzahl der Zuordnungseinheiten (Cluster) angezeigt. Dies ist, wie Sie an dem vorstehenden Beispiel erkennen können, immer der Wert ohne den ersten Sektor, die FAT und das Hauptverzeichnis.

Nun können wir uns die nächste Tabelle näher ansehen. Im Kapitel 6 benötigen wir die *Dateizuordnungstabelle* (FAT), um zum Beispiel die Teile einer Datei auf einer Diskette oder Festplatte zu finden.

Bis einschließlich DOS 3.3 konnte die Tabelle maximal 16.384 Einträge (16 Kbyte) umfassen. Mit DOS 4.0 wurde die Anzahl auf maximal 65.535 (64 Kbyte) erhöht. Dadurch ist es möglich, daß eine Festplatte in *bis zu 2 Gbyte* (2.048 Mbyte) große Laufwerke eingeteilt werden kann.

Die Dateizuordnungstabelle beginnt bei allen bisherigen DOS-Versionen ab dem zweiten Sektor. Wer's ganz genau wissen will, um sicher zu gehen, findet den Anzahl der vorher reservierten Sektoren an der Adresse 000Eh im BPB. Es können der ersten Tabelle noch Kopien folgen (siehe Adresse 0010h im BPB). Sollte eine Tabelle defekt oder unlesbar sein, findet DOS die korrekten Werte in den Kopien und die Platte bleibt somit lesbar.

Wie bereits erwähnt, kann die Dateizuordnungstabelle aus 12- oder 16-Bit-Einträgen bestehen. Dies hängt von der Anzahl der Cluster ab. Ab 4.079 Cluster werden 16-Bit-Einträge von DOS verwendet.

Die Anzahl der Cluster können wir sehr leicht durch die Einträge im BPB errechnen und damit steht auch die Länge der Einträge in der Dateizuordnungstabelle fest.

Die erste Clusteradresse finden Sie ab dem zweiten (12-Bit) oder dritten (16-Bit) Byte in der Tabelle.

Wenn wir mit DEBUG arbeiten, verwenden wir im Gegensatz zur Dateiverwaltung von DOS die *Sektornummern*. Wollen Sie den Sektor einer Datei laden muß immer folgendermaßen vorgegangen werden:

Größe des reservierten Bereichs am Plattenanfang

+ Nummer des benötigen Clusters * Sektoren pro Cluster

= Nummer des gesuchten Sektors auf der Diskette/Festplatte

Wie speichert DOS Dateien auf einem Datenträger? Anhand der 0h-Einträge in der Dateizuordnungstabelle erkennt DOS die freien Cluster. In dem ersten freien Cluster ab dem Tabellenanfang wird mit dem Speichern einer neuen Datei begonnen. Reicht der Platz nicht aus, wird die Suche nach freien Clustern fortgesetzt, bis alle Daten gespeichert sind.

Wird zum Beispiel mit dem Befehl DEL eine Datei gelöscht, werden alle dazugehörigen Einträge in der Dateizuordnungstabelle auf 0h gesetzt.

Durch diese *gestreute Speicherung* kommt es im Laufe der Zeit immer häufiger vor, daß Dateien nicht mehr zusammenhängend auf einer Platte stehen. Dies führt zu einer Verlangsamung des Computersystems. Um wieder alles zusammenzuhängen, gibt es heute eine Reihe von Programmen, wie zum Beispiel FastTrax oder PC Tools Deluxe.

Die Nummer des ersten Clusters zu einer Datei finden Sie im Inhaltsverzeichnis. Jeder Eintrag im Inhaltsverzeichnis hat 32 Byte Länge.

Adresse	Länge	Inhalt	
0	8	Dateiname	Zeichen
8	3	Namenserweiterung	Zeichen
11	1	Dateiattribut	Bit-Codiert
12	10	Reserviert	0h
22	2	Uhrzeit	Wort
24	2	Datum	Wort
26	2	Erster Cluster	Wort
28	4	Dateilänge in Byte	Doppelw.

Unabhängig davon, ob eine 12- oder 16-Bit-Dateizuordnungstabelle vorliegt, ist der Eintrag für den ersten Cluster im Inhaltsverzeichnis immer 2 Byte lang.

Die *Arbeitsweise* will ich Ihnen jetzt anhand eines Beispiels erklären, da sie damit noch am besten verständlich wird.

Als Grundlage gehen wir von einer 16-Bit-Dateizuordnungstabelle aus (jeder Eintrag hat 2 Byte).

Startcluster im Inhaltsverzeichnis (4F00h)	004Fh

Diesen Eintrag müssen wir jetzt in der Dateizuordnungstabelle suchen. Anhand der Umrechnungstabelle im Anhang III ergibt sich für 004Fh der dezimale Wert 79. Da die ersten beiden Einträge in der Tabelle reserviert sind, müssen wir davon den Wert 2 subtrahieren und erhalten die Clusternummer 77. Jeder Eintrag hat eine Länge von 2 Byte.

79 Einträge * 2 Byte = 158 Byte

Der dazugehörige Clustereintrag in der Dateizuordnungstabelle befindet sich nach unserer Rechnung im 159. und 160. Byte.

Jetzt benötigen wir noch die Sektornummer, an der die dazugehörige Datei beginnt. Vom Wert 79 haben wir bereits 2 abgezogen. Das Ergebnis von 77 müssen wir noch mit 4 Multiplizieren, um die Anzahl der Sektoren zu erhalten, was 308 ergibt.

Die Adressierung 39

Startsektor	1	Sektor
Dateizuordnungstabelle 1	41	Sektoren
Dateizuordnungstabelle 2	41	Sektoren
Hauptverzeichnis	32	Sektoren
Sektoren bis zur Datei	308	Sektoren
Gesamtsektoren bis zur Datei	423	Sektoren
dto. hexadezimaler Wert	1A7	Sektoren

Da jeder Datenblock mindestens einen Cluster lang ist, können Sie mit DEBUG entsprechend viele Sektoren laden.

Sehen Sie als nächstes in der *Dateizuordnungstabelle* nach, was dort eingetragen ist. Ein Wert von FFFFh zeigt Ihnen, daß die Datei nur einen Cluster belegt. 0000h bedeutet, daß die Datei gelöscht ist oder Sie einen Rechenfehler begangen haben.

Bei Dateien die größer als ein Cluster sind, befindet sich die Nummer des nächsten Clusters in der Tabelle.

So lassen sich alle Blöcke einer Datei auf einer Diskette oder Festplatte finden.

Es gibt aber nicht nur die beschriebenen 16-Bit-Einträge, sondern vor allem bei *Disketten* auch die *12-Bit-Dateizuordnungstabellen*. Die Arbeit mit diesen Tabellen ist etwas komplizierter.

Die Codierung wird jeweils in *3 Byte mit 2 Einträgen* zusammengefaßt. Bei Disketten mit 160, 180 oder 320 Kbyte Kapazität ist die Anzahl der Cluster immer ungerade. Dadurch wird ein zusätzlicher Scheineintrag benötigt.

Als erstes muß eine Clusternummer mit 3 multipliziert und dann durch 2 dividiert werden. An der errechneten Adresse liest man 2 Byte. War das Ergebnis der Berechnung eine gerade Zahl, entfernen Sie das erste hexadezimale Zeichen, war es ungerade, das letzte.

Beispiele:

Cluster	Berechnung	Inhalt		Ergebnis
4	4 * 3 = 12 / 2 = 6	03 40	4003h	003h
5	5 * 3 = 15 / 2 = 7,5 (7)	40 00	0040h	004h
6	6 * 3 = 18 / 2 = 9	FF 6F	6FFFh	FFFh

Je nachdem, ob die Gesamtzahl der Cluster gerade oder ungerade ist, werden die Werte unterschiedlich umgerechnet:

FAT-Inhalt	Position	Clusternr.
03 40 00	23 61 45	003 004
FF 6F 00	23 61 45	FFF 006
00 00 43	41 25 63	003 004
0F F0 6F	41 25 63	FFF 006

Wie Sie sicherlich bereits bemerkt haben, beginnt die Clusternumerierung immer bei 2h, da die ersten beiden Positionen bereits belegt sind.

Beispiel für den Anfang einer Dateizuordnungstabelle mit den »Positionsnummern«:

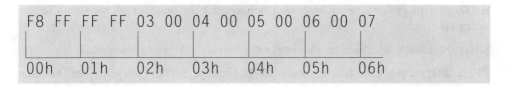

An dem Beispiel erkennen Sie, daß die gespeicherte Datei ohne Unterbrechung in aufeinanderfolgenden Clustern bzw. Sektoren gespeichert ist.

Im Kapitel 6 werden wir mit DEBUG einige Übungen mit 12- und 16-Bit-Dateizuordnungstabellen durchführen, die Ihnen die Arbeit noch besser verdeutlichen werden.

Zum Abschluß kehren wir noch einmal zurück zu den *Inhaltsverzeichnissen*, die für die Arbeit mit dem System eine sehr wichtige Rolle spielen.

Lediglich das *Hauptverzeichnis* hat eine feste Position und Länge auf einer Diskette oder Festplatte. Die *Unterverzeichnisse* werden von DOS wie ganz »normale Dateien« behandelt und verstreut auf der Platte gespeichert.

Jeder Eintrag in ein Verzeichnis hat eine Länge von 32 Zeichen. Der *Dateiname und die Namenserweiterung* belegen die ersten 11 Byte. Der sonst gewohnte Punkt wird von DOS nicht gespeichert. Das erste Zeichen im Namen hat eine ganz besondere Bedeutung:

00h	Noch nie benutzter Eintrag und normalerweise das Ende bei der Suche im Verzeichnis.
05h	Wenn der erste Buchstabe des Dateinamens E5h (Sigma) ist, wird stattdessen 05h gespeichert.
2Eh	Unterverzeichniseintrag (».«). Ist ein zusätzlicher zweiter Punkt vorhanden, bezieht sich der Eintrag auf das übergeordnete Verzeichnis. Als erster Cluster ist der für das übergeordnete Verzeichnis angegeben. Ist dieser 0000h, handelt es sich dabei um das Hauptverzeichnis.
E5h	Kennzeichen für eine gelöschte Datei. Die einmal zur Datei gehörigen Cluster sind normalerweise auf 0h gesetzt worden. Die Nummer des ersten Clusters ist aber noch im Verzeichnis gespeichert.

Als nächstes kommt das *Dateiattribut*:

01h	Die Datei kann nur gelesen werden. Ein Löschen oder Ändern ist nicht möglich
02h	Die Datei ist versteckt (Hidden) und damit bei Verwendung des DIR-Befehls unsichtbar
04h	Systemdatei
08h	Datenträgername
10h	Unterverzeichnis(-Name)
20h	Archiv - wird zum Beispiel von ATTRIB, BACKUP, RESTORE und XCOPY benutzt
40h	unbenutzt
80h	unbenutzt

Selbstverständlich kann ein Eintrag im Verzeichnis auch mehrere Attribute gleichzeitig besitzen. In diesem Fall addieren Sie die einzelnen Werte aus der ersten Spalte.

Datum und Uhrzeit haben jeweils die Länge von 2 Byte, werden aber codiert gespeichert.

Wie bereits gewohnt, müssen Sie als erstes die beiden Byte umdrehen. Dann wird es etwas komplizierter, da jetzt statt mit hexadezimalen Zahlen, mit einzelnen Bit gerechnet werden muß.

Hierzu erst einmal eine kleine Darstellung zum Umrechnen:

Bit	1	1	1	1	1	1	1
Dezimal	128	32	16	8	4	2	1

Da aber als erstes eine Umrechnung von der hexadezimalen Darstellung von DEBUG auf einzelne Bit erfolgen muß, hier eine weitere Umrechnungstabelle:

0h	0000
1h	0001
2h	0010
3h	0011
4h	0100
5h	0101
6h	0110
7h	0111
8h	1000
9h	1001
Ah	1010
Bh	1011
Ch	1100
Dh	1101
Eh	1110
Fh	1111

Um ein Datum oder eine Uhrzeit entschlüsseln zu können, fehlt uns jetzt nur noch der Schlüssel für die Aufteilung des gespeicherten Codes.

Uhrzeit:

```
76543  210765  43210
Stunde Minute  Sekunde
```

Datum:

```
7654321 0765  43210
Jahr    Monat Tag
```

Man setzt jetzt einfach die hexadezimalen Werte, die im Verzeichnis gespeichert sind, in einzelne Bit um und schreibt sie unter die Zahlen in der vorstehenden Übersicht. Dann rechnet man diese gemäß der Bit-Tabelle in dezimale Werte um.

Da Sekunden nur in 2er-Schritten gespeichert werden, muß dieses Ergebnis noch mit zwei multipliziert werden. Beim Jahr wird von 1980 ausgegangen. Daher muß zum Ergebnis immer 1980 addiert werden.

Beispiel:

Uhrzeit	= A953h	= 53A9h	= 0101001110101001
Stunde	0 1 0 1 0		10 Stunden
Minute	0 1 1 1 0 1		29 Minuten
Sekunde	0 1 0 0 1		9 $*$ 2 = 18 Sekunden
Ergebnis	10:29:18 Uhr		

Datum	= 6F13h	= 136Fh	= 0001001101101111
Jahr	0 0 0 1 0 0 1		9 + 1980 = 1989
Monat	1 0 1 1		11 (November)
Tag	0 1 1 1 1		15
Ergebnis	15. November 1989		

Wie Sie aus dem vorstehend Beschriebenen ersehen haben, ist es zwar nicht allzu schwer, aber ziemlich viel Rechnerei.

Den folgenden Eintrag zum ersten Cluster der Datei habe ich Ihnen bereits einige Seiten früher in diesem Kapitel beschrieben.

Zum Schluß kommt noch der Eintrag mit der *Größe der Datei* in Byte, die auch mit dem DOS-Befehl DIR angezeigt wird. Will man die belegte Kapazität einer Diskette oder Festplatte errechnen, muß aber immer auf die Kapazität eines ganzen Clusters aufgerundet werden. Dies ist lediglich bei der verbleibenden Kapazität am Ende der Anzeige mit dem Befehl DIR berücksichtigt.

Der Eintrag ist 4 Byte lang (Doppelwort). Um ein korrektes Ergebnis zu erhalten, muß man die 4 Byte von rückwärts lesen. Die Größe von Dateien bis zu 64 Kbyte können Sie anhand der Umrechnungstabelle im Anhang III bestimmen.

Darüber hinaus wird es etwas schwieriger, aber man kann es mit einer relativ einfachen Formel auch errechnen:

Stelle	Wert
1	1
2	16
3	256
4	4.096
5	65.536
6	1.048.576
7	16.777.216
8	268.435.456

Die Stellennumerierung erfolgt immer von rechts! Um zum Ergebnis zu kommen, wird immer die hexadezimale Wert mit der Zahl in der Spalte »Wert« multipliziert.

Beispiel:

Dateigrößenangabe im Verzeichnis	554F010Ah
Hexadezimal die Dateigröße	0A014F55h
5 * 1	5
5 * 16	80
15 (F) * 256	3.840
4 * 4.096	16.384
1 * 65.536	65.536
0 * 1.048.576	0
10 (A) * 16.777.216	167.772.160
0 * 268.435.456	0
Dateigröße	167.858.005

Damit wollen wir den theoretischen Teil zum Thema Adressierung im Hauptspeicher und auf Disketten und Festplatten abschließen. Beispiele zu diesem Thema mit der praktischen Anwendung in Verbindung mit DEBUG finden Sie vor allem im Kapitel 6. Am besten üben Sie aber erst einmal mit einer Diskette, die keine wichtigen Daten enthält. Damit sollte auch auf der Festplatte bei einem Fehler nichts passieren. Sicherheitshalber sollte aber immer vorher eine Sicherungskopie von der Festplatte gemacht werden, damit auch im Falle eines Falles die Daten gesichert sind.

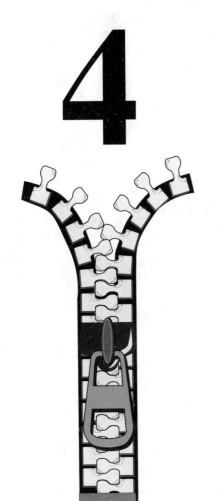

Der Aufruf von DEBUG

Haben Sie bereits vor dem Studium dieses Buches mit DEBUG gearbeitet, werden Sie sich bestimmt fragen, warum ich diesem Thema ein eigenes Kapitel gewidmet habe.

Dies liegt im wesentlichen daran, daß der Aufruf des Dienstprogrammes bereits einige interessante und nicht jedem bekannte Möglichkeiten bietet.

Das allgemeine Format bzw. der *Kommandoaufbau*:

```
[d:][weg]DEBUG [[dateiname] [variablen]]
               [< eingabe] [> ausgabe]
```

Beim Aufruf von DEBUG besteht die Möglichkeit, bereits einen Datei- oder Programmnamen (dateiname) anzugeben, mit dem gearbeitet werden soll. Damit entfällt die spätere Eingabe mit dem Befehl »N« und das Laden mit »L«. Die Datei wird mit dem Start von DEBUG gleichzeitig in den Hauptspeicher geladen.

Zusätzlich können Sie weitere Angaben machen (variablen). Wollen Sie zum Beispiel ein Programm testen, können Sie zusätzliche Eingaben machen, wie Sie es ohne Hilfe von DEBUG auch tun würden.

Beispiel:

```
debug xcopy.exe c:\daten\*.* a: /s
```

Interessanter sind die Angaben

`< eingabe`

und

`> ausgabe`

Mit diesen beiden Zusatzangaben können Sie die *Standardeingabe und Standardausgabe* von Bildschirm und Tastatur *umleiten*.

In letzter Zeit wurden in einigen PC-Magazinen zunehmend kleine Programme für die Eingabe mit DEBUG abgedruckt. Diese werden der Sicherheit halber erst mit einem Textprogramm (z.B. EDLIN) eingetippt und vor der Weiterverarbeitung erst noch einmal auf korrekte Schreibweise überprüft. Fügt man dann noch die entsprechenden DEBUG-Befehle vor und nach dem Code hinzu, können Sie die damit erstellte Datei als Standardeingabe verwenden.

Hier ein einfaches Beispiel zur Verdeutlichung:

a	Befehl für Eingabe von symbolischem Maschinensprachebefehlen
push bp int 5 pop bp	3 Zeilen für die Ausgabe einer Bildschirm-Hardcopy auf den Drucker
int 20 	Programm beenden Eingabe der Befehle beenden
nhardcopy.com	Namen für das Programm zuweisen
rcx 6	Programmlänge in Register CX eingeben
w	Programm speichern
q	DEBUG verlassen

Geben Sie diese Zeilen mit EDLIN ein und speichern Sie zum Beispiel mit dem Namen HARDCOPY.DAT. Anschließend tippen Sie

```
debug < hardcopy.dat
```

ein. Die einzelnen Zeilen in HARDCOPY.DAT werden der Reihe nach von DEBUG, wie von »Geisterhand« eingetippt, ausgeführt.

> **Achtung!**
>
> Während der Ausführung von DEBUG mit der Umleitung haben Sie selbst keine Möglichkeit, eine Eingabe von der Tastatur aus vorzunehmen. Daher dürfen Sie *nie vergessen*, als letzte Zeile den Befehl zum Abschluß von DEBUG (Befehl »Q«) in der Eingabedatei anzugeben.

Selbstverständlich besteht auch die Möglichkeit, die *Bildschirmausgaben umzuleiten*. Von dieser Möglichkeit sollten Sie aber nur in Verbindung mit der Eingabeumleitung Gebrauch machen, da keine Anzeigen am Bildschirm erscheinen. Benutzen wir wiederum das vorhergehende Beispiel:

a	Befehl für Eingabe von symbolischem Maschinensprache-befehlen
push bp	3 Zeilen für die Ausgabe einer Bildschirm-Hardcopy auf
int 5	den Drucker
pop bp	
int 20	Programm beenden
	Eingabe der Befehle beenden
u 100	Eingegebenes Programm anzeigen
nhardcopy.com	Namen für das Programm zuweisen
rcx	Programmlänge in Register CX eingeben
6	
w	Programm speichern
q	DEBUG verlassen

Das Beispiel wurde um einen Befehl für die Anzeige des eingegebenen symbolischen Maschinencodes erweitert.

Für die Ausführung können Sie

`debug < hardcopy.dat > prn`

eingeben. In unserem Beispiel würden die Eingaben statt von der Tastatur, aus der Datei HARDCOPY.DAT kommen. Die Ausgaben von DEBUG würden statt am Bildschirm am Drucker ausgegeben werden (PRN).

Als Ziel der Umleitung können Sie statt dem Gerätenamen für den Drucker selbstverständlich auch einen Dateinamen angeben.

Der Aufruf von DEBUG kann auch in der Form kombiniert werden, daß Sie einen Dateinamen und eventuelle Variablen sowie eine Ein- und Ausgabeumleitung angeben.

Starten Sie DEBUG ohne weitere Zusatzangaben, sollten Sie auf keinen Fall Änderungen unterhalb der *Segmentadresse 5Ch* vornehmen (siehe auch Kapitel 3). DEBUG würde in diesem Fall unter Umständen abgebrochen werden. Dies gilt aber nur in Verbindung mit einer geladenen Datei, die als Namenserweiterung COM oder EXE besitzt.

Dateien werden immer an die Adresse 100h im niedrigsten verfügbaren Segment in den Hauptspeicher geladen. Im Registerpaar BX:CX wird die Anzahl der geladenen Byte gespeichert.

> **Bemerkungen:**
>
> Beachten Sie, daß Programme mit der *Namenserweiterung EXE oder HEX* nicht mit DEBUG geladen und anschließend verändert werden dürfen. Vorher müssen Sie den Programmnamen ändern!! Das erste Zeichen eines EXE-Programmes, das Sie mit DEBUG in den Speicher laden, entspricht nicht dem ersten Zeichen des Programmes. Bei diesem Vorgang wird automatisch ein erster kleiner Teil der Befehle, der sogenannte EXE-Datei-Header, ausgeführt. DEBUG macht dies immer, wenn Sie eine Datei mit dem Typ EXE laden.

Versuchen Sie mit den Befehlen »N« oder »W« eine Datei mit den Typen EXE oder HEX zu speichern, erhalten Sie eine Fehlermeldung.

Beispiel:

```
Änderungen bei .EXE- und .HEX-Dateien können nicht durchgeführt werden.
```

5

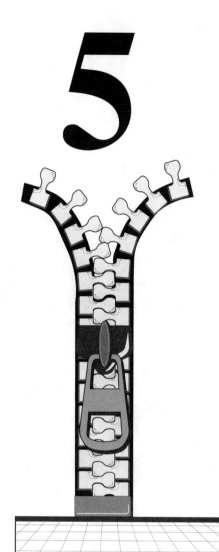

Die Befehle und deren Anwendung

Die Befehle und deren Anwendung   53

In den beiden letzten Kapiteln haben wir uns mit der Adressierung im Hauptspeicher und auf Disketten und Festplatten, sowie dem Start von DEBUG befaßt. In diesem Kapitel gebe ich Ihnen einen vollständigen Überblick über alle zur Verfügung stehenden Befehle mit einer Darstellung zur Anwendung. Eine *Kurzübersicht* zum Nachschlagen finden Sie im Anhang II.

Nach dem Start von DEBUG erscheint am Bildschirm als *Befehlseingabebereitschaftszeichen* ein kleiner Strich am linken Rand (»-«). Damit erwartet das Programm die Eingabe einer der im folgenden beschriebenen Befehle.

A [adresse]   *Assemble*

Dieser Befehl erlaubt die Eingabe von symbolischen Maschinensprachecode (bei IBM-DEBUG IBM-Personal-Computer-Macro-Assembler-Code) für den Prozessor, zum Beispiel für 8088, 8087 usw. »Assemble« ist ein interessantes Kommando für die schnelle Eingabe von kurzen Programmen oder deren Modifikation.

Normalerweise ist es nicht notwendig zusätzlich eine Adresse anzugeben. Die Eingabe beginnt immer automatisch im aktuellen Codesegment ab 0100h bzw. der Offsetadresse, die sich im Register IP befindet. Die Adresse (Segment und Offset) werden Ihnen zu jedem Befehl am Bildschirm angezeigt.

Sehr wichtig zu wissen ist, daß keine Labels bzw. Marken verwendet werden können. Sie müssen stattdessen Adressen im Assemblerprogramm verwenden.

Jeder eingegebene Befehl wird direkt in den Hauptspeicher geschrieben. Zum Abschluß der Eingabe drücken Sie die Taste ⏎, um wieder in den Befehlsmodus von DEBUG zurückzukehren.

Eventuelle Eingabefehler werden Ihnen sofort mit der Position (^) angezeigt:

^ Fehler

Der »Assemble«-Befehl ist auch dann interessant, wenn Sie sich selbst nicht mit dem in Anhang I kurz beschriebenen symbolischen Maschinensprachecode beschäftigen wollen, da in vielen PC-Magazinen kleine Beispielprogramme oft für die Eingabe mit DEBUG abgedruckt werden.

Beispiel:

```
-a
xxxx:0100 mov    ⏎    ah,9
xxxx:0102 mov    ⏎    dx,0109
xxxx:0105 int    ⏎    21
xxxx:0107 int    ⏎    20
xxxx:0109 db 'Die Post geht ab mit Assemble$'
```

Das $-Zeichen zum Abschluß des Textes ist sehr wichtig, da das System daran das Ende des Textes im Speicher erkennt. Drücken Sie nach dem letzten Hochkomma zweimal die Taste ⏎ und der *Assemble*-Befehl wird beendet.

Geben Sie jetzt den Befehl

g

ein, wird der Text

```
Die Post geht ab mit Assemble
Programm normal beendet
```

angezeigt. Sie sehen, es geht ganz einfach. Weitere Beispiele mit einer ausführlichen Beschreibung finden Sie im Kapitel 7.

Wollen Sie Ihr Programm speichern, muß noch mit dem Befehl *Register* in Register CX die Größe eingegeben werden. Zum Abschluß werden noch die Befehle *Name* und *Write* benötigt. Mit *Quit* beenden Sie DEBUG.

C bereich adresse *Compare*

Mit diesem Befehl können Sie zwei Bereiche im Hauptspeicher miteinander vergleichen. Als Ergebnis werden Ihnen zu unterschiedlichen Inhalten die beiden Adressen und die dort gespeicherten Byte am Bildschirm angezeigt.

Nach dem Befehl geben Sie die Startadresse des ersten Speicherbereichs an. Geben Sie nur die Offsetadresse an, wird das aktuelle Segment (aus Register DS) als Basis angenommen. Anschließend muß die Länge des zu vergleichenden Speicherbereichs angegeben werden. Hierzu verwenden Sie den Befehl L. Zum Abschluß geben Sie noch die Adresse des zweiten Speicherblocks an, mit dem verglichen werden soll. Ohne Segmentadresse wird auch hier der Inhalt des Registers DS von DEBUG verwendet. Beachten Sie, daß alle Angaben hexadezimal erfolgen müssen.

Stellt der C-Befehl keinen Unterschied zwischen den beiden zu vergleichenden Speicherblöcken fest, erfolgt keine Anzeige und es erscheint in der nächsten Zeile der DEBUG-Prompt (»-«).

Beispiel:

```
c cs:0100 110 cs:0110
```

Vergleichen der Speicheradresse ab 0100h (Segmentadresse aus Register CS) in der Länge von 15 Byte (L10) mit den im Hauptspeicher folgenden (ab CS:0110) Daten.

Beispiele für die Anzeige, wenn alle Byte unterschiedlich sind:

```
26CF:0101   FC  03   26CF:0111
26CF:0102   25  C8   26CF:0112
26CF:0103   E8  89   26CF:0113
26CF:0104   00  4F   26CF:0114
26CF:0105   00  FB   26CF:0115
26CF:0106   5B  8B   26CF:0116
26CF:0107   50  0E   26CF:0117
26CF:0108   8C  26   26CF:0118
26CF:0109   C0  01   26CF:0119
26CF:010A   05  03   26CF:011A
26CF:010B   10  C8   26CF:011B
26CF:010C   00  89   26CF:011C
26CF:010D   8B  4F   26CF:011D
26CF:010E   0E  F7   26CF:011E
26CF:010F   1E  8B   26CF:011F
```

Es kann alternativ aber auch eine andere Schreibweise gewählt werden:

c cs:0100 10 110

```
D [adresse][Lwert]                                          Dump
D [bereich]
```

Mit Hilfe dieses Befehls können Sie Inhalte des Hauptspeichers auf dem Bildschirm anzeigen lassen. Sie erhalten als Anzeige diverse Informationen:

- Speicheradresse (Segment:Offset)
- Speicherinhalt (hexadezimal)
- Speicherinhalt (ASCII-Zeichen - nicht darstellbare Werte als Punkt)

Wie alle Befehle arbeitet auch »Dump« ohne weitere Angaben nur innerhalb des aktuellen oder angegebenen Segments. Als Ergebnis werden in jeder Zeile 16 Byte angezeigt. Geben Sie nur den Befehl mit oder ohne eine Startadresse ein, werden immer 128 Byte angezeigt.

Bei der ersten Eingabe des Befehls ohne Startadresse beginnt die Anzeige immer im aktuellen Segment (Register DS) ab der Offsetadresse 0100h. Eine wiederholte Eingabe zeigt die folgenden 128 Byte an.

Beispiele:

```
-d
26CF:0100   01 FC 25 E8 00 00 5B 50-8C C0 05 10 00 8B 0E 1E   ..%...[P........
26CF:0110   01 03 C8 89 4F FB 8B 0E-26 01 03 C8 89 4F F7 8B   ....O...&....O..
26CF:0120   0E 20 01 89 4F F9 8B 0E-24 01 89 4F F5 8B 3E 28   . ..O...$..O..>(
26CF:0130   01 8B 16 18 01 B1 04 D3-E2 8B 0E 16 01 E3 1A 26   ...............&
26CF:0140   C5 B5 10 01 83 C7 04 8C-DD 26 03 2E 18 01 83 C5   .........&......
26CF:0150   01 03 E8 8E DD 01 04 E2-E6 0E 1F BF 00 01 8B F2   ................
26CF:0160   81 C6 10 01 8B CB 2B CE-F3 A4 58 FA 8E 57 FB 8B   ......+...X..W..
26CF:0170   67 F9 FB FF 6F F5 1A 40-40 40 23 23 23 20 49 42   g...o..@@@### IB
-d
26CF:0180   4D 20 44 4F 53 20 56 65-72 73 69 6F 6E 20 34 2E   M DOS Version 4.
26CF:0190   30 30 0D 0A 1A 00 24 FC-8B D8 E2 F4 5B 5A 8B C3   00....$.....[Z..
26CF:01A0   0B C0 74 0E 2B 47 02 F7-D8 FE 4D 0A 7C 04 3B C2   ..t.+G....M.|.;.
26CF:01B0   72 02 5E C3 52 53 FE 4D-0B 74 E1 FE 45 0A 33 F6   r.^.RS.M.t..E.3.
26CF:01C0   E8 2C 09 74 24 51 B1 02-91 8B DE E8 4F 03 59 0B   .,.t$Q......O.Y.
26CF:01D0   C0 74 ED 8B 1C 83 EB 06-E8 9F FE 33 C0 89 04 80   .t.........3....
26CF:01E0   4C 02 40 80 4D 0A 80 EB-D7 F6 45 0A 80 74 AD 80   L.@.M.....E..t..
26CF:01F0   75 0A 80 5B 5A EB 8F 83-7D 02 00 75 5B 8B F0 F6   u..[Z...}..u[...
```

Die am linken Rand angezeigte Segment-/Offsetadresse bezieht sich immer auf das erste Byte in der folgenden Liste von 16 Byte. Die erste Zeile enthält daher die Byte 26CF:0100 bis 26CF:010F aus dem Hauptspeicher. Jede Zeile enthält in der Mitte einen Bindestrich. Dieser dient lediglich der besseren Übersicht und hat sonst weiter keine Bedeutung.

Alle nicht darstellbaren bzw. druckbaren Zeichen stellt DEBUG in der rechten Spalte als Punkt dar. Dabei werden nur Zeichen berücksichtigt, die als Code 00h bis 7Fh besitzen. Von allen Codes, die über 7Fh liegen, wird automatisch 80h subtrahiert. Damit wird aus einem in der Mitte angezeigten C1h der Buchstabe »A« in der rechten Spalte (C1h - 80h = 41h, was dem Buchstaben »A« entspricht).

`d cs:0 110f`

Ab der Adresse CS:0000 werden 271 Byte (L10F) aus dem Hauptspeicher am Bildschirm angezeigt. Die Begrenzung von 128 Byte für die Anzeige wird hier nicht beachtet, da eine Längenangabe erfolgt ist.

`d a000 afff`

Der Speicherinhalt zwischen den Adressen A000h und AFFFh (Bereich im aktuellen Segment - Register DS) wird angezeigt.

Häufig reicht der Platz am Bildschirm nicht aus, um sich den Inhalt aus dem Hauptspeicher in der Übersicht anzeigen zu lassen. Also drucken Sie das Ergebnis aus. Vor Eingabe des »D«-Befehls drücken Sie die Tastenkombination [Strg]+[Druck]. Alles, was jetzt am Bildschirm angezeigt wird, protokolliert gleichzeitig auch Ihr Drucker. Schalten Sie die Funktion mit [Strg]+[Druck] danach wieder aus.

Zum Abschluß wollen wir einen kleinen Text mit dem DOS-Befehl EDLIN erstellen:

```
edlin muster.txt
Neue Datei
*i
        1:*************************************************************
        2:** Das DOS-Kommando DEBUG ist ein hilfreiches Werkzeug und nach  *
        3:** einiger Übung gar nicht so schwer anwendbar, als oft vermutet *
        4:** wird. Wer wagt der auch gewinnt - aber mit etwas Vorsicht!    *
        5:*************************************************************
        6:*
*e
```

Damit haben Sie eine kleine Datei mit Text unter dem Namen MUSTER.TXT erstellt. Laden wir doch einmal diesen Text und sehen wir uns an, wie er von EDLIN auf der Diskette oder Festplatte gespeichert wurde:

```
debug muster.txt
-d
26CF:0100   2A 2A 2A 2A 2A 2A 2A 2A-2A 2A 2A 2A 2A 2A 2A 2A   ****************
26CF:0110   2A 2A 2A 2A 2A 2A 2A 2A-2A 2A 2A 2A 2A 2A 2A 2A   ****************
26CF:0120   2A 2A 2A 2A 2A 2A 2A 2A-2A 2A 2A 2A 2A 2A 2A 2A   ****************
26CF:0130   2A 2A 2A 2A 2A 2A 2A 2A-2A 2A 2A 2A 2A 2A 2A 2A   ****************
26CF:0140   2A 0D 0A 2A 20 44 61 73-20 44 4F 53 2D 4B 6F 6D   *..* Das DOS-Kom
26CF:0150   6D 61 6E 64 6F 20 44 45-42 55 47 20 69 73 74 20   mando DEBUG ist 
26CF:0160   65 69 6E 20 68 69 6C 66-72 65 69 63 68 65 73 20   ein hilfreiches 
26CF:0170   57 65 72 6B 7A 65 75 67-20 75 6E 64 20 6E 61 63   Werkzeug und nac
```

Sie erkennen Ihren Text wieder? Selbstverständlich, da sich ja kaum etwas verändert hat. Lediglich am Ende einer jeden Zeile befinden sich zwei Punkte, die wir in der mittleren Spalte als 0Dh und 0Ah identifizieren können.

Im ersten angezeigten Abschnitt sehen Sie diese beiden Zeichen an den Adressen DS:0141 und DS:0142. Setzen wir die Anzeige fort:

```
-d
26CF:0180  68 20 20 2A 0D 0A 2A 20-65 69 6E 69 67 65 72 20   h *..* einiger
26CF:0190  9A 62 75 6E 67 20 67 61-72 20 6E 69 63 68 74 20   .bung gar nicht
26CF:01A0  73 6F 20 73 63 68 77 65-72 20 61 6E 77 65 6E 64   so schwer anwend
26CF:01B0  62 61 72 2C 20 61 6C 73-20 6F 66 74 20 76 65 72   bar, als oft ver
26CF:01C0  6D 75 74 65 74 20 2A 0D-0A 2A 20 77 69 72 64 2E   mutet *..* wird.
26CF:01D0  20 57 65 72 20 77 61 67-74 20 64 65 72 20 61 75   Wer wagt der au
26CF:01E0  63 68 20 67 65 77 69 6E-6E 74 20 2D 20 61 62 65   ch gewinnt - abe
26CF:01F0  72 20 6D 69 74 20 65 74-77 61 73 20 56 6F 72 73   r mit etwas Vors
```

Da der Text kurz und die Eingabe von einzelnen D-Befehlen mühsam ist, geht es auch leichter. Hierzu benötigen wir die Länge der geladenen Datei. Diese erfahren Sie aus dem Inhalt des Registers CX:

```
-r
AX=0000  BX=0000  CX=0150  DX=0000  SP=FFEE  BP=0000  SI=0000  DI=0000
DS=26CF  ES=26CF  SS=26CF  CS=26CF  IP=0100   NV UP EI PL NZ NA PO NC
26CF:0100 2A2A           SUB     CH,[BP+SI]                          SS:0000=CD
```

Lassen wir uns nur den gesamten in den Hauptspeicher geladenen Text anzeigen. Hierzu benutzen wir die Angabe aus Register CX für die Länge:

```
-d ds:0100 1150
26CF:0100  2A 2A 2A 2A 2A 2A 2A 2A-2A 2A 2A 2A 2A 2A 2A 2A   ****************
26CF:0110  2A 2A 2A 2A 2A 2A 2A 2A-2A 2A 2A 2A 2A 2A 2A 2A   ****************
26CF:0120  2A 2A 2A 2A 2A 2A 2A 2A-2A 2A 2A 2A 2A 2A 2A 2A   ****************
26CF:0130  2A 2A 2A 2A 2A 2A 2A 2A-2A 2A 2A 2A 2A 2A 2A 2A   ****************
26CF:0140  2A 0D 0A 2A 20 44 61 73-20 44 4F 53 2D 4B 6F 6D   *..* Das DOS-Kom
26CF:0150  6D 61 6E 64 6F 20 44 45-42 55 47 20 69 73 74 20   mando DEBUG ist
26CF:0160  65 69 6E 20 68 69 6C 66-72 65 69 63 68 65 73 20   ein hilfreiches
26CF:0170  57 65 72 6B 7A 65 75 67-20 75 6E 64 20 6E 61 63   Werkzeug und nac
26CF:0180  68 20 20 2A 0D 0A 2A 20-65 69 6E 69 67 65 72 20   h  *..* einiger
26CF:0190  9A 62 75 6E 67 20 67 61-72 20 6E 69 63 68 74 20   .bung gar nicht
26CF:01A0  73 6F 20 73 63 68 77 65-72 20 61 6E 77 65 6E 64   so schwer anwend
26CF:01B0  62 61 72 2C 20 61 6C 73-20 6F 66 74 20 76 65 72   bar, als oft ver
26CF:01C0  6D 75 74 65 74 20 2A 0D-0A 2A 20 77 69 72 64 2E   mutet *..* wird.
26CF:01D0  20 57 65 72 20 77 61 67-74 20 64 65 72 20 61 75   Wer wagt der au
26CF:01E0  63 68 20 67 65 77 69 6E-6E 74 20 2D 20 61 62 65   ch gewinnt - abe
```

Die Befehle und deren Anwendung 59

```
26CF:01F0   72 20 6D 69 74 20 65 74-77 61 73 20 56 6F 72 73   r mit etwas Vors
26CF:0200   69 63 68 74 21 20 20 20-20 2A 0D 0A 2A 2A 2A 2A   icht!    *..****
26CF:0210   2A 2A 2A 2A 2A 2A 2A 2A-2A 2A 2A 2A 2A 2A 2A 2A   ****************
26CF:0220   2A 2A 2A 2A 2A 2A 2A 2A-2A 2A 2A 2A 2A 2A 2A 2A   ****************
26CF:0230   2A 2A 2A 2A 2A 2A 2A 2A-2A 2A 2A 2A 2A 2A 2A 2A   ****************
26CF:0240   2A 2A 2A 2A 2A 2A 2A 2A-2A 2A 2A 2A 0D 0A 1A      *************...
```

Alternativ können Sie auch Start- und Endeadresse angeben:

d ds:100 24f

Da wir in EDLIN nach der letzten eingegebenen Zeile noch einmal die Taste ⏎ betätigt haben, befindet sich zum Abschluß 0D0Ah im Hauptspeicher. Das 1Ah ist das sogenannte Endekennzeichen für Dateien auf einem Datenträger. Besitzt eine Datei diese Endemarkierung nicht, ist ausschließlich die Größenangabe im Inhaltsverzeichnis maßgebend (DIR-Befehl).

Ob eine Datei eine Endemarkierung besitzt oder nicht, wird zum Beispiel mit dem DOS-Befehl COMP beim Vergleichen von zwei Dateien am Bildschirm angezeigt.

Noch eine Kleinigkeit am Rande. Die deutschen Umlaute werden ebenfalls als Punkt dargestellt, da es sich hierbei um keine »normalen« ASCII-Zeichen handelt. Das können Sie am Wort »Übung« in unserem Beispiel erkennen.

> **E adresse [liste]**   *Enter*

Dieser wichtige und interessante Befehl ermöglicht die Eingabe von Zeichen in den Hauptspeicher. Damit können Sie Daten im Hauptspeicher Byte für Byte modifizieren. In Verbindung mit den Befehlen zum Laden und Schreiben können selbstverständlich auch bestehende Dateien geändert und auf Diskette oder Festplatte zurückgespeichert werden.

Zusätzlich zum Befehl müssen Sie zumindest die Adresse angeben, wohin die Daten kommen sollen. Geben Sie keine Segmentadresse an, wird diese dem Register DS entnommen.

Beachten Sie, daß dieser Befehl *keine Daten einfügt*, sondern lediglich einzelne Byte im Hauptspeicher durch Ihre Eingaben ersetzt.

Die Eingabe kann hexadezimal oder aber auch mit »normalen« Zeichen (sogenannte Zeichenketten) erfolgen. Hexadezimale Eingaben müssen Sie mit einem Leerzeichen voneinander trennen. Zeichenketten müssen am Anfang und Ende durch Hochkommata begrenzt werden.

Beispiel:

```
-e cs:100 20 20 'Beispieltext' 20 1a
```

In vorstehendem Beispiel werden die Byte ab der Offsetadresse 0100h bis 010Fh durch die angegebenen ersetzt. Dadurch ist der alte Speicherinhalt unwiderbringlich verloren. Achten Sie daher darauf, daß die angegebene Adresse korrekt ist, um nicht zum Beispiel versehentlich Teile des laufenden Betriebssystems zu überschreiben.

Mit dem »D«-Befehl können Sie sich nach Ihrer Eingabe den Speicher zur Kontrolle anzeigen lassen:

```
-d cs:100 L10
```

Die als Zeichenkette eingegebenen Buchstaben finden Sie in der mittleren Spalte als hexadezimale Werte wieder.

Als Hochkommata kann »'« oder »"« verwendet werden. Sollten in einer Zeichenkette Hochkommata vorkommen, wiederholen Sie diese lediglich.

Beispiel:

```
e ds:100 "Dies ist ein ""Beispiel"" für Hochkomma"
```

Als Ergebnis wird

```
Dies ist ein "Beispiel" für Hochkomma
```

gespeichert. Alternativ kann

```
e ds:100 'Dies ist ein "Beispiel" für Hochkomma'
```

eingegeben werden, was zum gleichen Ergebnis führt.

Alternativ kann der Befehl »Enter« auch in einem »Dialogmodus« angewandt werden. Geben Sie hierzu lediglich den Befehl mit der Hauptspeicheradresse ein, an der mit der Arbeit begonnen werden soll. Mit dieser Methode wird Ihnen zu jedem Byte der bisherige Speicherinhalt angezeigt und Sie können diesen überschreiben oder unverändert belassen.

Die Befehle und deren Anwendung 61

Beispiel:

```
-e ds:100
xxxx:0100   E9.    4D.00   0B.0d   BA.0a   61.aa   08.b0   3D.    05.
xxxx:0108   00.    74.00   1B.00   BA.00   40.41   08.42   3D.-
xxxx:010D   42.-
xxxx:010C   41.-
xxxx:010B   00.41  41.42   42.43   3D.44   02.46
xxxx:0110   00.-
xxxx:010F   46.45
xxxx:0110   00.46  74.47   13.
-
```

Ab der Offsetadresse 0100h beginnen wir mit der Modifikation des Hauptspeicherinhalts. Soll ein Byte unverändert bleiben, drücken Sie die Taste ⬜. Dies haben wir zum Beispiel beim ersten Byte E9h gemacht. Soll sich ein Byte ändern, geben Sie das neue Zeichen hexadezimal ein. Eine Eingabe als Zeichenkette ist im »Dialogmodus« nicht möglich!

Mit Eingabe des Zeichens »-« können Sie byteweise »rückwärts blättern«. Drücken Sie die Taste ↵ nur, um den Befehl »Enter« zu beenden.

Mit dem Befehl »D« können Sie sich anschließend den veränderten Hauptspeicherinhalt anzeigen lassen:

d ds:100

Kontrollieren Sie noch einmal Ihre Eingabe, ob Sie sich nicht vertippt haben.

Haben Sie eine Datei verändert, vergessen Sie nicht, diese zum Abschluß mit dem Befehl »Write« wieder zu speichern.

F bereich liste   *Fill*

Der »Fill«-Befehl ist eine komfortable Ergänzung zum »Edit«-Befehl. Er ermöglicht es, eine definierte Anzahl von Zeichen im Hauptspeicher zu *überschreiben*.

Es gibt primär zwei Unterschiede zu »Edit«:

1. Es gibt keinen »Dialogmodus«.
2. Sind weniger Zeichen zum Befehl angegeben, als der BEREICH groß ist, werden die Zeichen solange wiederholt, bis der Bereich im Hauptspeicher gefüllt ist.

Es muß nach dem Befehl »F« eine Startadresse, die Länge und mindestens ein Zeichen hexadezimal oder als ASCII angegeben werden. Handelt es sich bei der Startadresse nur um ein Offset, wird vom Befehl die Segmentadresse dem DS-Register entnommen. Zur Länge geben Sie vorher ein »L« an. Ohne »L« muß es sich um die Offsetadresse des letzten zu füllenden Byte handeln.

Beispiele:

```
-f ds:100 17f 00
-d ds:100 180
26CF:0100   00 00 00 00 00 00 00 00-00 00 00 00 00 00 00 00    ................
26CF:0110   00 00 00 00 00 00 00 00-00 00 00 00 00 00 00 00    ................
26CF:0120   00 00 00 00 00 00 00 00-00 00 00 00 00 00 00 00    ................
26CF:0130   00 00 00 00 00 00 00 00-00 00 00 00 00 00 00 00    ................
26CF:0140   00 00 00 00 00 00 00 00-00 00 00 00 00 00 00 00    ................
26CF:0150   00 00 00 00 00 00 00 00-00 00 00 00 00 00 00 00    ................
26CF:0160   00 00 00 00 00 00 00 00-00 00 00 00 00 00 00 00    ................
26CF:0170   00 00 00 00 00 00 00 00-00 00 00 00 00 00 00 00    ................
```

Mit dem ersten Befehl wird der Hauptspeicher ab der Offsetadresse 0100h bis einschließlich 017Fh im aktuellen Segment mit 00h gefüllt. Anschließend wird mit Hilfe des Befehls »D« dieser Bereich angezeigt.

```
-f 100 180 '!BSP'
-d ds:100 180
26CF:0100   21 42 53 50 21 42 53 50-21 42 53 50 21 42 53 50    !BSP!BSP!BSP!BSP
26CF:0110   21 42 53 50 21 42 53 50-21 42 53 50 21 42 53 50    !BSP!BSP!BSP!BSP
26CF:0120   21 42 53 50 21 42 53 50-21 42 53 50 21 42 53 50    !BSP!BSP!BSP!BSP
26CF:0130   21 42 53 50 21 42 53 50-21 42 53 50 21 42 53 50    !BSP!BSP!BSP!BSP
26CF:0140   21 42 53 50 21 42 53 50-21 42 53 50 21 42 53 50    !BSP!BSP!BSP!BSP
26CF:0150   21 42 53 50 21 42 53 50-21 42 53 50 21 42 53 50    !BSP!BSP!BSP!BSP
26CF:0160   21 42 53 50 21 42 53 50-21 42 53 50 21 42 53 50    !BSP!BSP!BSP!BSP
26CF:0170   21 42 53 50 21 42 53 50-21 42 53 50 21 42 53 50    !BSP!BSP!BSP!BSP
```

Ab der Offsetadresse 0100h im aktuellen Segment (Register DS) wird der Hauptspeicher in einer Länge von 80h (= 128 Byte) mit der Zeichenkette »!BSP« gefüllt. Da der angegebene Bereich länger als die Zeichenkette ist, wiederholt DEBUG diese so oft, bis der gesamte Bereich gefüllt ist.

Ist die im Befehl angegebene LISTE zu lang (auch bei einer Wiederholung), wird am Ende der Rest der noch verfügbaren Zeichen ignoriert. Damit wird verhindert, daß mehr Speicher überschrieben wird, als im »F«-Befehl angegeben.

G [=startadresse] [halt1...] *Go*

Die kontrollierte Ausführung unter Ihrer Kontrolle eines mit DEBUG geladenen Programmes ermöglicht Ihnen der »Go«-Befehl.

Ohne weitere Angaben wirkt sich der Befehl »Go« genauso aus, als würden Sie ein Programm im normalen DOS-Modus starten. Allerdings kehren Sie nach Beendigung des Programms zurück zu DEBUG. Die Meldung

`Programm normal beendet`

Geben Sie eine STARTADRESSE an, wird mit der Programmausführung an der von Ihnen angegebenen Hauptspeicheradresse begonnen. Zusätzlich können Sie bis zu zehn Haltepunkte angeben. Beim Erreichen eines Haltepunktes werden die Register mit ihren aktuellen Inhalten sowie der Befehl an der Adresse, an der die Abarbeitung gestoppt wurde, am Bildschirm angezeigt.

Die Reihenfolge etwaiger Haltepunkte innerhalb der Befehlseingabezeile spielt keine Rolle.

Geben Sie zum »G«-Befehl lediglich eine Offsetadresse an, wird die Segmentadresse automatisch dem Register CS entnommen.

> **Achtung:**
>
> Geben Sie keine Stopp-Adressen im Bereich des ROM-BIOS oder ROM-Basic an (ab Adresse C000:0000)! Falsch angewendet, kann dieser Befehl zu unkontrollierten Systemabstürzen führen.

Übungsbeispiel:

Als Übung zu den Befehlen »A«, »N«, »R«, »U« und »W« will ich Ihnen hier ein kleines Programm vorstellen, das Sie mit DEBUG selbst »programmieren« können.

Starten Sie DEBUG und gehen Sie wie im folgenden dargestellt vor.

```
-a cs:100
26CF:0100           mov      al,01
26CF:0102           mov      di,0200
26CF:0105           mov      cx,001d
26CF:0108           cld
26CF:0109           repnz
26CF:010A           stosb
26CF:010B           mov      al,24
```

```
26CF:010D          stosb
26CF:010E          push    es
26CF:010F          pop     ds
26CF:0110          mov     dx,0200
26CF:0113          mov     ah,09
26CF:0115          int     21
26CF:0117          int     20
26CF:0119
```

Die jeweiligen Speicheradressen am linken Rand werden von DEBUG vorgegeben. Vor und nach den Befehlsworten (z.B. MOV) betätigen Sie bitte die Taste ⇥.

Drücken Sie zum Abschluß der Befehlseingabe die Taste ↵. Wir wollen uns jetzt mit dem Befehl »U« noch einmal unsere Eingaben ansehen. Am besten lesen Sie diese noch einmal Korrektur, damit sich nicht versehentlich ein Tippfehler eingeschlichen hat:

```
-u cs:100 117
26CF:0100 B001         MOV     AL,01
26CF:0102 BF0002       MOV     DI,0200
26CF:0105 B91D00       MOV     CX,001D
26CF:0108 FC           CLD
26CF:0109 F2           REPNZ
26CF:010A AA           STOSB
26CF:010B B024         MOV     AL,24
26CF:010D AA           STOSB
26CF:010E 06           PUSH    ES
26CF:010F 1F           POP     DS
26CF:0110 BA0002       MOV     DX,0200
26CF:0113 B409         MOV     AH,09
26CF:0115 CD21         INT     21
26CF:0117 CD20         INT     20
```

Als letzte Adresse, bis zu der die Anzeige erfolgen soll, haben wir die Offsetangabe 117h benutzt, die zur letzten Befehlszeile angezeigt wurde.

Jetzt wollen wir das Programm auch noch speichern. Hierzu muß DEBUG mitgeteilt werden, wie groß der zu speichernde Datenblock ist und unter welchem Namen die Datei auf der Diskette oder Festplatte abgelegt werden soll.

Die Programmgröße muß in das Register CX übertragen werden. Hierzu verwenden wir den »R«-Befehl und geben dazu die Registerbezeichnung an:

```
-rcx
CX 0000
:119
```

Wie Sie sehen, wird der alte Registerinhalt angezeigt und die Bereitschaftsanzeige für den neuen Inhalt erscheint (»:«). Sie geben hier immer die Adresse an, die sich nach dem letzten Befehl im Hauptspeicher befindet. Bei der Eingabe von Programmen mit dem Befehl »A« wird diese immer angezeigt, wenn Sie nach dem letzten eingegebenen Befehl die Taste ⏎ drücken. In unserem Beispiel ist dies 119h.

Den Namen für das zu speichernde Programm geben Sie mit dem Befehl »N« ein. Für *Programme muß immer* die Namenserweiterung ».COM« angegeben werden. Zum Abschluß speichern wir mit dem Befehl »W«.

```
-ngesicht.com
-w
Schreiben von   0119 Byte
```

Jetzt wollen wir das Programm starten. Geben Sie dazu »G« ein:

```
-g
Programm normal beendet
```

Den gleichen Effekt erzielen Sie, wenn Sie

```
g=100
```

eingeben. Jetzt wollen wir mit einem Haltepunkt arbeiten:

```
-g=100 10b

AX=0001  BX=0000  CX=0000  DX=0000  SP=FFFE  BP=0000  SI=0000  DI=021D
DS=26EC  ES=26EC  SS=26EC  CS=26EC  IP=010B   NV UP EI PL NZ NA PO NC
26EC:010B B024          MOV AL,24
```

Das Programm wurde ab der Offsetadresse 100h gestartet und bei Erreichen des einzigen angegebenen Haltepunkts 10Bh abgebrochen. Das gleiche Ergebnis erzielen Sie mit folgendem Befehl:

```
-g 10b

AX=0001  BX=0000  CX=0000  DX=0000  SP=FFFE  BP=0000  SI=0000  DI=021D
DS=26EC  ES=26EC  SS=26EC  CS=26EC  IP=010B   NV UP EI PL NZ NA PO NC
26EC:010B B024          MOV AL,24
```

Damit haben Sie das erste kleine Programm mit einem symbolischen Maschinensprachecode erstellt. Es erzeugt 29 nette Gesichter, die Sie anlächeln. Selbstverständlich lassen sich damit auch ernsthaftere Dinge machen. Beachten Sie hierzu das Kapitel 7, in dem dieses Programm erweitert wird, um eine Maske am Bildschirm anzuzeigen.

> H wert wert   *Hex*

Dieser Befehl ist häufig sehr hilfreich beim Rechnen mit hexadezimalen Zahlen. Sie geben zwei Werte ein, die anschließend als addiertes und subtrahiertes Ergebnis am Bildschirm angezeigt werden.

Beispiele:

```
-h 3ea 10
03FA   03DA
-h 1234 10a2
22D6   0192
-h 17f 21f
039E   FF60
```

Das erste Ergebnis ist der addierte Wert der beiden angegebenen Zahlen. Der zweite angezeigte Wert ist das Ergebnis der Subtraktion der zweiten von der ersten eingetippten hexadezimalen Zahl.

Ist die zweite Zahl größer, handelt es sich bei dem Ergebnis zur Subtraktion um einen komplementären Wert (siehe drittes Beispiel).

> I portadresse   *Input*

Das »Input«-Kommando liest ein Byte von einem Port bzw. Kanal und zeigt dieses am Bildschirm an. Kanäle dienen der Kommunikation des Systems mit der »Außenwelt«, wie zum Beispiel der Tastatur, dem Bildschirm oder dem Drucker.

Sie geben zusätzlich zum Befehl lediglich die Kanaladresse an. Die Kanaladressen sind sehr stark systemabhängig. Sie finden für Ihren Computer die Adressen im Technischen Handbuch (soweit Ihr Hersteller ein solches anbietet).

Beispiel:

```
-i 62
FF
-
```

L [adresse [laufwerk [sektor [anzahl]]]]   *Load*

Mit dem Kommando »Load« können Sie Dateien oder einzelne Sektoren von einer Diskette oder Festplatte in den Hauptspeicher laden.

Der definierte Dateiname befindet sich an der Offsetadresse 005Ch. Der Name einer Datei wird entweder beim Start von DEBUG (Kapitel 4) oder mit dem »Name«-Befehl festgelegt. Versuchen Sie mit »Load« eine Datei zu laden, ohne daß ein Name vorher definiert wurde, erhalten Sie eine Fehlermeldung:

```
Datei nicht gefunden
```

Zusätzlich zum Befehl können Sie eine Adresse angeben, an die die Datei in den Hauptspeicher geladen werden soll. Ohne diese Angabe wird immer die Adresse CS:0100 verwendet. Geben Sie keine Segmentadresse an, wird der aktuelle Inhalt des Registers CS verwendet. Dies gilt jedoch nicht für Dateien mit den Namenserweiterungen COM oder EXE. Diese können nur an die Offsetadresse 0100h geladen werden. Beachten Sie dies nicht, erhalten Sie eine Fehlermeldung:

```
l cs:200
    ^ Error
```

Bei älteren Versionen kann es vorkommen, daß Sie keine Fehlermeldung erhalten. In diesem Fall wird lediglich Ihre Adreßangabe ignoriert.

Nach dem Laden wird die Dateigröße in den Registern BX und CX abgelegt. BX enthält nur dann einen Wert, wenn die Datei größer als 64 Kbyte ist. Beachten Sie in diesen Fällen, daß viele DEBUG-Befehle nur innerhalb eines Segments arbeiten. Zum Beispiel muß der »S«-Befehl für jedes Segment einzeln angewandt werden.

Bei EXE- und HEX-Dateien ist die Größenangabe in den Registern normalerweise kleiner als die Angabe im Inhaltsverzeichnis. Dies hängt damit zusammen, daß derartige Dateien einen sogenannten Header besitzen, der beim Laden ausgewertet und bereits ausgeführt wird. Wollen Sie eine solche Datei ändern, sollten Sie diese so umbenennen, daß sie eine andere Dateinamenserweiterung erhält.

Beispiel:

```
-n gesicht.com
-l
-r
AX=0000  BX=0000  CX=0119  DX=0000  SP=FFFE  BP=0000  SI=0000  DI=0000
DS=26EC  ES=26EC  SS=26EC  CS=26EC  IP=0100       NV UP EI PL NZ NA PO NC
26EC:0100 B001           MOV     AL,01
```

Die Dateigröße in den Registern BX und CX ist mit 00000119h (281 Byte) angegeben. Lassen Sie sich die Datei GESICHT.COM mit dem Befehl DIR unter DOS anzeigen, finden Sie dort die gleiche Dateigrößenangabe.

Der Lade-Befehl hat noch eine wichtige Eigenschaft. Verändern Sie ein Programm und stellen bei der Kontrolle fest, daß durch Eingabefehler ein falscher Dateiinhalt entstanden ist, geben Sie einfach noch einmal den »L«-Befehl ein. Daraufhin wird die auf der Diskette oder Festplatte gespeicherte Datei noch einmal geladen und damit der ursprüngliche Zustand wieder hergestellt.

In diesem Zusammenhang sollten Sie aber beachten, daß, wann immer Sie den Befehl »N« benutzen, der Dateiname geändert wird (Offsetadresse 005Ch). Sollten Sie nicht sicher sein, ob der richtige Name definiert ist, können Sie sich diesen am Bildschirm anzeigen lassen:

```
d cs:5c
```

Der Befehl »Load« ermöglicht zusätzlich das Laden spezifizierter Sektoren von einer Diskette oder Festplatte. Mit dem Befehl »W« können diese später zum Beispiel wieder verändert zurückgespeichert werden. Beachten Sie hierzu das Kapitel 6.

Nach dem Befehl muß als erstes die Hauptspeicheradresse angegeben werden, wohin die zu ladenden Sektoren vom Datenträger übertragen werden sollen. Anschließend folgt die Laufwerksnummer:

0 Laufwerk A
1 Laufwerk B
2 Laufwerk C
3 Laufwerk D
usw.

Durch ein Leerzeichen getrennt folgt die Nummer des ersten zu ladenden Sektors. Die letzte Angabe ist die Anzahl der zu ladenden Sektoren. Maximal können 128 aufeinanderfolgende Sektoren (80h) mit einem Befehlsaufruf geladen werden. Geben Sie einen *größeren Wert* an, erhalten Sie in der Regel *keine Fehlermeldung*, aber das Ergebnis im Hauptspeicher ist undefiniert!

Beispiel:

```
l 100 0 0 1
```

Ab der Hauptspeicheradresse CS:0100 wird von Laufwerk A ab dem ersten Sektor ein Sektor eingelesen. Sie können die geladenen Informationen modifizieren oder sich ansehen. Ein Zurückspeichern erfolgt mit

```
w 100 0 0 1
```

Beachten Sie hierzu das Kapitel 6 mit weiteren detaillierten Informationen.

Geben Sie ein Laufwerk an, das nicht bereit ist (z.B. keine Diskette im Laufwerk), erhalten Sie die Fehlermeldung:

```
Nicht bereit Lesefehler Laufwerk A
A(bbruch), W(iederholen), U(ebergehen)?
```

Geben Sie [A] für einen Abbruch des Vorgangs ein. Ist eine angeschlossene Einheit zum Beispiel abgeschaltet, kann die Fehlermeldung auch lauten:

```
Diskette/Platte. Lesefehler Laufwerk D
```

Beachten Sie auch, daß beim Lesen von Sektoren von einem Datenträger keine Größenangabe in die Register BX und CX abgelegt wird. Der Inhalt der beiden Register bleibt durch einen derartigen Ladevorgang unverändert.

Beachten Sie zum Speichern den Befehl »W«.

M bereich adresse   *Move*

Mit »Move« können Sie ein oder mehrere Byte von einem Speicherbereich in einen anderen kopieren. Die Daten bleiben an der ursprünglichen Stelle unverändert. Wollen Sie diese ebenfalls ändern, benutzen Sie entweder den Befehl »E« oder »F«.

Beachten Sie, daß die ursprünglichen Daten im Zielbereich des Hauptspeichers unwiederbringlich verloren (überschrieben) sind.

Der Befehl gewährleistet, daß selbst bei einer Überlappung der beiden Speicherbereiche keine Daten verloren gehen.

Beispiel:

```
-e ds:0 '1234567890ABCDEF'
-d ds:0
110
26CF:0000  31 32 33 34 35 36 37 38-39 30 41 42 43 44 45 46   1234567890ABCDEF
-m ds:0 4 ds:a
-d ds:0
110
26CF:0000  31 32 33 34 35 36 37 38-39 30 31 32 33 34 35 46   123456789012345F
```

Als erstes haben wir 16 Byte im Hauptspeicher mit Zeichen gefüllt, die anschließend mit dem Befehl »D« angezeigt werden. Mit dem »Move«-Befehl werden fünf Byte (bis Adresse DS:0004h) ab Adresse DS:0000 nach DS:000A übertragen. Das Ergebnis wurde wiederum mit dem Befehl »D« angezeigt. Alternativ können Sie den »Move«-Befehl auch wie folgt eingeben:

```
m ds:0 15 ds:a
```

Es kann, wie bei vielen Befehlen, auch hier alternativ mit einer Längenangabe oder mit von/bis Adresse gearbeitet werden.

N [dateiname [dateiname...]] *Name*

Mit diesem Befehl vereinbaren Sie einen Dateinamen. Verwenden Sie anschließend das »L«-Kommando, wird eine Datei mit dem Namen gesucht und geladen. Ebenso verwendet auch der Befehl »W« die Namensvereinbarung und speichert den angegebenen Speicherbereich (Register BX/CX).

Nach Eingabe des Befehls speichert DEBUG die Länge des Dateinamens an der Offsetadresse 80h. Dahinter befindet sich der von Ihnen eingegebene Dateiname. Der Name wird zusätzlich an der Offsetadresse 5Ch abgelegt.

Beispiel:

```
-n gesicht.com
-d 50 140
26CF:0050  CD 21 CB 00 00 00 00 00-00 00 00 00 00 47 45 53   .!...........GES
26CF:0060  49 43 48 54 20 43 4F 4D-00 00 00 00 00 20 20 20   ICHT COM.....
26CF:0070  20 20 20 20 20 20 20 20-00 00 00 00 00 C7 06 44          .......D
26CF:0080  0C 20 47 45 53 49 43 48-54 2E 43 4F 4D 0D 30 7C   . GESICHT.COM.0|
```

Die Länge des Dateinamens GESICHT.COM finden Sie an der Offsetadresse 80h (0Bh). Der von Ihnen eingegebene Name beginnt ab 81h und wird immer mit 0Dh abgeschlossen. An der *Offsetadresse 5Ch* wurde von DEBUG der Dateiname aufbereitet. Als erstes wird dort das Laufwerk gespeichert:

00h Aktuelle Laufwerk
01h Laufwerk A:
02h Laufwerk B:
03h Laufwerk C:
usw.

Ab 5Dh wird der *Dateiname aufbereitet*. Der Name belegt 8 Byte und wird mit Leerzeichen (20h) aufgefüllt. Darauf folgt die Namenserweiterung mit 3 Byte, die ebenfalls mit Leerzeichen aufgefüllt wird.

Da es vorkommen kann, daß zusätzliche Dateinamen für die Ausführung benötigt werden, gibt es eine Erweiterung.

Beispiel:

Unter DOS geben Sie

```
gesicht.com datei1.dat datei2.dat
```

ein. Der gleiche Aufruf mit DEBUG:

```
debug gesicht.com datei1.dat datei2.dat
-d 50 150
26EC:0050  CD 21 CB 00 00 00 00-00 00 00 00 00 44 41 54     .!..........DAT
26EC:0060  45 49 31 20 20 44 41 54-00 00 00 00 00 44 41 54  EI1  DAT.....DAT
26EC:0070  45 49 32 20 20 44 41 54-00 00 00 00 00 C7 06 44  EI2  DAT.......D
26EC:0080  18 20 64 61 74 65 69 31-2E 64 61 74 20 64 61 74  . datei1.dat dat
26EC:0090  65 69 32 2E 64 61 74 20-20 0D 00 00 00 00 00 00  ei2.dat
```

Es können nur ein oder zwei zusätzliche Angaben zum Programmnamen gemacht werden. Wie Sie in vorstehendem Beispiel erkennen können, befinden sich die beiden Namen der Datendatei anschließend an Offset 5Ch und 6Ch. Dies sind Standardadressen, an denen ein Programm die beiden Angaben finden kann.

Alternativ können Sie auch wie folgt vorgehen:

```
debug
-n gesicht.com
-l
-n datei1.dat datei2.dat
```

Geben Sie anschließend den Befehl »W« ein, wird das Programm nicht unter seinem eigenen Namen, sondern unter DATEI1.DAT gespeichert. Also Vorsicht bei der Anwendung!

Adressen-Übersicht zum »Name«-Befehl:

CS:005C	Laufwerk zur ersten Datei
CS:005D	File Control Block (Name) der ersten Datei
CS:006C	Laufwerk zur zweiten Datei
CS:006D	File Control Block (Name) der zweiten Datei
CS:0080	Länge der eingegebenen Daten
CS:0081	Alle eingegebenen Zeichen (Dateinamen)

Beachten Sie auch die Beschreibung zu den beiden Befehlen »Load« und »Write«.

```
O portadresse byte                                          Output
```

Der »Output«-Befehl ist das Gegenstück zum Kommando »Input«. Er ermöglicht die Übertragung eines Byte an einen Kanal bzw. Port, der Daten empfangen kann.

Kanäle bzw. Ports dienen der Kommunikation des Systems mit der »Außenwelt«, wie zum Beispiel der Tastatur, dem Bildschirm oder dem Drucker. Die Portadressen sind sehr stark systemabhängig. Sie finden diese Adressen im Technischen Handbuch zu Ihrem Computer (soweit Ihr Computerhersteller ein solches anbietet).

Beispiel:

```
o 62 41
```

Mit vorstehendem Befehl senden Sie den Buchstaben »A« (41h) an die Portadresse 62h.

Sie sollten mit dem Befehl nicht experimentieren! Eine falsche Adresse kann zu nicht vorhersehbaren Fehlern führen.

Die Befehle und deren Anwendung 73

> P [=adresse][anzahl]   *Proceed*

Der Befehl ist mit dem Kommando »Trace« vergleichbar. Ein geladenes Programm kann schrittweise ausgeführt werden. Der Befehl ist erst ab DOS 4.0 enthalten (selten schon ab DOS 3.3).

Mit dem »P«-Befehl kann ein Interrupt, ein Unterprogramm (CALL) oder eine Schleifeninstruktion ausgeführt werden.

Der Befehl ist zum Beispiel dann interessant, wenn bei der Rückkehr von der Ausführung eines Interrupts das System abstürzt. Hier hilft der »P«-Befehl in der Regel, ohne daß der Absturz auftritt.

Sie können eine *Startadresse* angeben. Ohne Segmentadresse wird der Inhalt des Registers CS von DEBUG verwendet. Ohne Angabe verwendet der Befehl die Register CS:IP zur Adressierung. ANZAHL definiert die Anzahl der Instruktionen, die bis zum Stopp ausgeführt werden sollen. Ohne Angabe ist der Standardwert 1.

Nach Ausführung des »P«-Befehls werden die Register, sowie der nächste zur Ausführung anstehende Befehl angezeigt.

Beispiel:

```
xxxx:100A      CALL 1A00
xxxx:100D      CALL 0355
usw.
xxxx:1A00      XOR  AX,AX
usw.
xxxx:1xxx      RET

-p=100a

AX=0001  BX=0000  CX=4AC0  DX=0000  SP=FFFE  BP=0000  SI=0000  DI=0000
DS=26EC  ES=26EC  SS=26EC  CS=26EC  IP=100D   NV UP EI PL NZ NA PO NC
26EC:100D E85B00          CALL     0355
```

Die Ausführung mit dem »P«-Befehl wird beim ersten CALL gestartet und das Unterprogramm wird Befehl für Befehl ab der Adresse 1A00h abgearbeitet. DEBUG stoppt bei der Adresse 100Dh und zeigt die Registerzustände, sowie den nächsten Befehl (CALL) mit seiner Adresse an.

| Q | Quit |

Sie beenden das Programm DEBUG durch Eingabe des Befehls »Q« ohne weitere Zusatzangaben.

Vergessen Sie nicht, vor Beendigung eine eventuell geänderte Datei wieder auf einem Datenträger zu speichern (Befehl »W«).

| R [register] | Register |

Das Herzstück eines jeden Computers ist die CPU bzw. der Prozessor. Er enthält für seine eigene Arbeit sogenannte Register zur Speicherung von Daten und Adressen.

Unter DOS stehen 14 Register zur Verfügung:

Register	Funktion
AX	Akkumulator
BX	Adreßregister
CX	Zählregister
DX	Adreßregister für Ein-/Ausgabe
CS	Codesegment
DS	Datensegment
SS	Stapelsegment
ES	Extrasegment
SP	Stapelzeiger
BP	Basiszeiger
SI	Indexregister für Stapel
DI	Indexregister für Daten
IP	Programmzähler, auch PC bzw. Program Counter genannt
F	Statusregister

Die Register CS, DS, SS und ES werden Segmentregister genannt und dienen der Aufnahme von Segmentadressen.

Das F-Register wird für sogenannte Flags benutzt. Es wird jedes einzelne Bit als selbstständige Einheit behandelt und kann ein- (1) oder ausgeschaltet (0) sein. Man spricht dabei auch von einem gesetzten (Set) oder nicht gesetzten (Clear) Flag.

Mit dem »R«-Befehl können die Register mit ihrem aktuellen Inhalt angezeigt oder geändert werden. Zusätzlich wird der nächste anstehende Maschinenbefehl mit seiner Adresse angezeigt.

Nach dem Start von DEBUG werden die Segmentregister mit der niedrigsten freien Segmentadresse geladen. Zusätzlich wird das Register IP mit der Offsetadresse 0100h geladen. Der Stapelzeiger (Register SP) wird mit FFEE geladen. Alle anderen Register enthalten 0000h. Die einzelnen Flags enthalten alle den Clear-Code bzw. sind nicht gesetzt.

Nach dem Laden einer Datei können sich die Werte verändern, vor allem dann, wenn es sich um ein Programm mit der Namenserweiterung EXE handelt.

Starten Sie DEBUG und lassen Sie sich die Register am Bildschirm anzeigen:

```
C:\>debug
-r
AX=0000  BX=0000  CX=0000  DX=0000  SP=FFEE  BP=0000  SI=0000  DI=0000
DS=2A49  ES=2A49  SS=2A49  CS=2A49  IP=0100     NV UP EI PL NZ NA PO NC
2A49:0100 017629          ADD     [BP+29],SI                          SS:0029=FFFF
```

Wie Sie sehen, werden Ihnen 13 Register mit ihren hexadezimalen Inhalten angezeigt. Bei den Buchstabenkombinationen hinter dem IP-Register handelt es sich um die Auswertung bzw. Einstellungen im F-Register. Die Segmentregister sind in unserem Beispiel mit der Adresse 2A49h geladen. Dabei handelt es sich um die Adresse des niedrigsten verfügbaren Segments im Hauptspeicher. Dies kann in Ihrem Computer eine ganz andere Adresse sein.

Von den 16 zur Verfügung stehenden Flags werden von DOS nur acht bzw. neun Stück verwendet. Die anderen dürfen Sie auf keinen Fall verwenden, da diese zum Beispiel für den sogenannten Protected Mode vom Prozessor benutzt werden.

Für die einzelnen Flags werden zweistellige Buchstabenkombinationen als Abkürzung verwendet:

Schalter	Set-Code		Clear-Code	
Überlauf:	OV	Überlauf	NV	kein Überlauf
Richtung:	DN	Vermindern	UP	Erhöhen
Unterbrech./Interrupt:	EI	Aktiviert	DI	nicht aktiviert
Vorzeichen:	NG	Minus	PL	Plus
Null:	ZR	Null	NZ	nicht Null
Zusätzlicher Übertrag:	AC	Hilfsübertrag	NA	kein Übertrag
Parität:	PE	Gerade	PO	Ungerade
Übertrag:	CY	Übertrag	NC	kein Übertrag

Die Adresse in der dritten Zeile setzt sich aus den Inhalten der Register CS und IP zusammen. Anschließend folgt der an dieser Adresse gespeicherte Befehl in Maschinensprache (hexadezimal) und seine Darstellung in lesbarem symbolischen Code. Derartigen symbolischen Code können Sie auch selbst mit dem Befehl »A« eingeben.

Am Ende der dritten Zeile finden Sie eine weitere Information. Der Befehl

```
ADD [BP+29],SI
```

addiert zum Inhalt des Registers BP den Wert 29h. Das Ergebnis wird zu dem an der Speicheradresse BP+29h stehenden Wert hinzuaddiert. Die Angabe

```
SS:0029=FFFF
```

bedeutet, daß an dieser Speicheradresse vor Ausführung der Additions-Operation der Wert FFFFh steht. In Register SS steht die Segmentadresse. Dazu kommt der Inhalt des Basispointers (Offsetadresse), zu dem der Wert 29h hinzugerechnet wird. Daraus ergibt sich die Adresse 2A49:0029. An dieser Adresse steht vor der Befehlsausführung FFFFh. Sie können am Inhalt des Registers SI (0000h) damit sehr einfach erkennen, daß sich die Daten an der Speicherstelle SS:0029 nicht verändern.

Geben Sie zusätzlich zum Befehl »R« noch den Namen eines der 14 Register ein, wird Ihnen der alte Registerinhalt angezeigt und Sie haben die Möglichkeit, diesen zu verändern.

Beispiele:

```
-r cx
CX 0000
:119
-r
AX=0000  BX=0000  CX=0119  DX=0000  SP=FFEE  BP=0000  SI=0000  DI=0000
DS=2A49  ES=2A49  SS=2A49  CS=2A49  IP=0100    NV UP EI PL NZ NA PO NC
2A49:0100 017629          ADD     [BP+29],SI                         SS:0029=FFFF
```

Der Inhalt des Registers CX wird verändert. In dieses Register laden Sie im Normalfall einen Wert, wenn Sie mit dem Befehl »A« ein eigenes kleines Programm erstellen. Beachten Sie hierzu vor allem das Kapitel 7.

```
-r ip
IP 0100
:0
-r
AX=0000  BX=0000  CX=0119  DX=0000  SP=FFEE  BP=0000  SI=0000  DI=0000
DS=2A49  ES=2A49  SS=2A49  CS=2A49  IP=0000    NV UP EI PL NZ NA PO NC
2A49:0000 CD20            INT     20
```

Der Inhalt des Registers IP wurde verändert. Der Wert 0100h wurde mit 0000h überschrieben. Drücken Sie statt der Eingabe eines neuen Wertes nur die Taste ⏎, bleibt der Registerinhalt unverändert.

Das Registerpaar CS:IP zeigt immer auf die nächste auszuführende Instruktion im Speicher. Verändern Sie den Inhalt von IP, können Sie die Abarbeitung beeinflußen. In vorstehendem Beispiel wäre der nächste Befehl

```
INT 20
```

Die Ausführung würde lediglich ein Programmende erzeugen. Der Aufruf von INT 20 bedeutet »Programm beenden«.

```
-rf
NV UP EI PL NZ NA PO NC   -
CY
-r
AX=0000  BX=0000  CX=0119  DX=0000  SP=FFEE  BP=0000  SI=0000  DI=0000
DS=2A49  ES=2A49  SS=2A49  CS=2A49  IP=0000     NV UP EI PL NZ NA PO CY
2A49:0000 CD20           INT   20
```

Geben Sie das Register F an, werden die Codes für die einzelnen Flags angezeigt. Sie können nach dem »-« neue Werte eingeben.

Geben Sie mehr als ein Kennzeichen zu einem Schalter ein, erhalten Sie die Fehlermeldung

```
df Fehler
```

Bei Eingabe eines falschen Kennzeichens erscheint die Fehlermeldung:

```
bf Fehler
```

Eine Besonderheit sollten Sie noch zu den Zwischenspeicherregistern beachten. Diese können als *Voll- oder Halbregister* verwendet werden:

Register AX	Byte 1 = AH	Byte 2 = AL
Register BX	Byte 1 = BH	Byte 2 = BL
Register CX	Byte 1 = CH	Byte 2 = CL
Register DX	Byte 1 = DH	Byte 2 = DL

> **S bereich liste**   *Search*

Dieser Befehl ermöglicht Ihnen die Suche nach bestimmten Zeichen *innerhalb eines Segments*.

Zusätzlich zum Befehl müssen Sie immer eine Startadresse sowie die Größe des zu durchsuchenden Bereichs angeben. Abschließend folgt dann noch die Liste der Zeichen, die gesucht werden (hexadezimal oder ASCII).

Beispiele:

```
-s cs:0 a000 'DOS'
2A49:0182
```

Ab der Offsetadresse 0000h im aktuellen Codesegment wird bis zur Offsetadresse A000h die Zeichenkette »DOS« gesucht. Die Zeichenkette wird im vorstehenden Beispiel nur einmal gefunden (Speicheradresse 2A49:0182).

Wie bei einigen anderen Befehlen können Sie auch zu »Search« Zeichenketten mit hexadezimalen Angaben mischen.

```
-s cs:0 1a000 43 4F 4D
2A49:0242
2A49:024B
2A49:0253
2A49:1051
```

Die Suche beginnt im aktuellen Codesegment ab der Offsetadresse 0000h. Es werden 40.960 Byte Zeichen durchsucht, was durch die Längenangabe LA000h definiert wurde.

Die gesuchte Zeichenkombination wurde im durchsuchten Speicherbereich an vier Stellen gefunden, die nach dem Befehl angezeigt wurden.

Alternativ können Sie den Befehl auch wie folgt eingeben:

```
-s cs:0 1a000 'COM'
```

Werden die im Befehl angegebenen Zeichen von DEBUG nicht gefunden, erscheint sofort wieder das Befehlseingabe-Bereitschaftszeichen (»-«), ohne daß eine Adresse angezeigt wurde.

Die Befehle und deren Anwendung 79

> T [=adresse] [wert] *Trace*

Der »Trace«-Befehl führt ein in den Hauptspeicher geladenes Programm Schritt für Schritt aus. Nach jedem ausgeführten Befehl werden die Register, sowie der nächste zur Ausführung anstehende Befehl im Speicher angezeigt (wie beim »R«-Befehl).

Geben Sie eine Startadresse entweder mit oder ohne Segmentadresse ein. Fehlt diese Angabe ganz, werden die notwendigen Daten den Registern CS und IP entnommen. Die Angabe WERT bezieht sich auf die Anzahl der Instruktionen, die nach dem »T«-Befehl bis zum nächsten Stopp ausgeführt werden sollen.

Beispiele:

Wir verwenden hier das bereits zum Befehl »G« vorgestellte Programm GESICHT.COM. Sollte es sich nicht mehr im Hauptspeicher befinden, müssen Sie es zuerst laden:

```
-ngesicht.com
-l
-r
AX=0000  BX=0000  CX=0119  DX=0000  SP=FFFE  BP=0000  SI=0000  DI=0000
DS=2A66  ES=2A66  SS=2A66  CS=2A66  IP=0100   NV UP EI PL NZ NA PO NC
2A66:0100 B001          MOV     AL,01
```

Die Datei wurde geladen und die Registerzustände mit dem ersten Befehl am Bildschirm angezeigt.

Geben Sie als nächstes den »T«-Befehl ohne Zusatzangaben ein. Dadurch wird in unserem Beispiel der erste Befehl

MOV AL,01

ausgeführt, der sich an der Adresse, die sich aus den Registern CS:IP ergibt, befindet.

```
-t
AX=0001  BX=0000  CX=0119  DX=0000  SP=FFFE  BP=0000  SI=0000  DI=0000
DS=2A66  ES=2A66  SS=2A66  CS=2A66  IP=0102   NV UP EI PL NZ NA PO NC
2A66:0102 BF0002        MOV     DI,0200
```

Nach Ausführung des Befehls werden die Register zusammen mit dem nächsten Befehl angezeigt. Wie Sie am Inhalt zu Register AX ersehen, hat sich dessen Inhalt verändert, da in das untere Halbregister der Wert 01h geladen wurde. Selbstverständlich hat auch Register IP einen neuen Inhalt (Adresse des nächsten Befehls).

```
-t
AX=0001  BX=0000  CX=0119  DX=0000  SP=FFFE  BP=0000  SI=0000  DI=0200
DS=2A66  ES=2A66  SS=2A66  CS=2A66  IP=0105     NV UP EI PL NZ NA PO NC
2A66:0105 B91D00          MOV       CX,001D
```

Nach dem nächsten »T«-Befehl haben sich die Register DI (durch den MOV-Befehl) und IP verändert.

Durch die zusätzliche Angabe einer Startadresse können wir mit der Abarbeitung des Programms von vorne beginnen:

```
-t=0100
AX=0001  BX=0000  CX=0119  DX=0000  SP=FFFE  BP=0000  SI=0000  DI=0200
DS=2A66  ES=2A66  SS=2A66  CS=2A66  IP=0102     NV UP EI PL NZ NA PO NC
2A66:0102 BF0002          MOV       DI,0200
```

Selbstverständlich besteht auch die Möglichkeit, mit einem Befehl gleich mehrere Instruktionen ausführen zu lassen. Aber auch hier werden nach jedem Befehl die bekannten Informationen angezeigt.

In diesen Fällen empfiehlt sich eine gleichzeitige Ausgabe auf den Drucker, damit man die Übersicht behalten kann. Drücken Sie hierzu vor oder nach der Befehlseingabe die Taste [Strg]+[Druck] bzw. [Strg]+[P]. Wiederholen Sie später den Vorgang, um die gleichzeitige Protokollierung am Drucker wieder abzuschalten.

Im folgenden Beispiel werden 32 Instruktionen (20h) nacheinander ausgeführt, bis die Befehlseingabebereitschaft wieder angezeigt wird.

```
-t 20
AX=0001  BX=0000  CX=0119  DX=0000  SP=FFFE  BP=0000  SI=0000  DI=0200
DS=2A66  ES=2A66  SS=2A66  CS=2A66  IP=0105     NV UP EI PL NZ NA PO NC
2A66:0105 B91D00          MOV       CX,001D

AX=0001  BX=0000  CX=001D  DX=0000  SP=FFFE  BP=0000  SI=0000  DI=0200
DS=2A66  ES=2A66  SS=2A66  CS=2A66  IP=0108     NV UP EI PL NZ NA PO NC
2A66:0108 FC              CLD

AX=0001  BX=0000  CX=001D  DX=0000  SP=FFFE  BP=0000  SI=0000  DI=0200
DS=2A66  ES=2A66  SS=2A66  CS=2A66  IP=0109     NV UP EI PL NZ NA PO NC
2A66:0109 F2              REPNZ
2A66:010A AA              STOSB
```

usw.

```
AX=0001  BX=0000  CX=0001  DX=0000  SP=FFFE  BP=0000  SI=0000  DI=021C
DS=2A66  ES=2A66  SS=2A66  CS=2A66  IP=0109   NV UP EI PL NZ NA PO NC
2A66:0109 F2               REPNZ
2A66:010A AA               STOSB

AX=0001  BX=0000  CX=0000  DX=0000  SP=FFFE  BP=0000  SI=0000  DI=021D
DS=2A66  ES=2A66  SS=2A66  CS=2A66  IP=010B   NV UP EI PL NZ NA PO NC
2A66:010B B024             MOV      AL,24
```

Beachten Sie zur Ausführung mit dem »T«-Befehl, daß auch die *Abarbeitung von Interrupts* angezeigt wird. Derartige INT-Befehle sind lediglich Kommandos zum Aufruf von kleinen Programmen bzw. Funktionen des Systems, um eine Tätigkeit, wie die Anzeige von Zeichen am Bildschirm, auszuführen. Dabei verändert sich auch die Segmentadresse!

```
U [adresse] [L wert]                                    Unassemble
U [bereich]
```

Wie bereits erwähnt, werden Befehle im Speicher als eine Folge von Byte gespeichert. Diese zu lesen ist sehr schwierig und mühsam.

Daher gibt es eine sogenannte Assembler-Sprache. Zur besseren Unterscheidung von Assemblern wie zum Beispiel MASM von Microsoft, verwende ich in diesem Buch die Definition »symbolischer Maschinensprachecode«.

Für die Erstellung von kleinen Programmen in diesem Code steht der Befehl »A« zur Verfügung. Der damit eingegebene Code wird von DEBUG sofort in Maschinensprache umgewandelt.

»U« ist der Befehl für die »andere Richtung«. Mit ihm können Sie die Maschinensprache ab einer bestimmten Speicheradresse wieder in symbolischen Code umwandeln und anzeigen lassen. Im Gegensatz zu »normalen« Assemblern gibt es keine Labels bzw. Marken, es werden ausschließlich Adressen verwendet.

Der symbolische Code ist nicht leicht zu lesen und erfordert fundierte Kenntnisse in Assembler- bzw. Maschinen-Code. Dieses Wissen kann auch dieses Buch nicht vermitteln. Eine Übersicht zu einigen wichtigen Befehlen mit einer kurzen Beschreibung finden Sie im Anhang I. Ferner werden im Kapitel 7 die Befehle erläutert, die wir dort zur Erstellung von kleinen Programmen benutzen.

Der Befehl wandelt grundsätzlich alle Byte in symbolischen Code um, unabhängig davon, ob es sich dabei tatsächlich um Befehle handelt oder um Text, der im Programm zur Anzeige am Bildschirm gespeichert ist.

Beispiel:

```
C:\>debug \dos\restore.com
-d
2A66:0100  E9 88 9C 43 6F 6E 76 65-72 74 65 64 00 00 00 00   ...Converted....
2A66:0110  4D 5A 73 00 4F 00 71 00-20 00 B3 0D FF FF 25 0B   MZs.O.q. .....%.
2A66:0120  50 C3 C1 AE EA 6F 00 00-1E 00 00 00 01 00 A0 00   P....o..........
2A66:0130  00 00 98 00 00 00 7F 00-00 00 76 00 00 00 5D 00   ..........v...].
2A66:0140  00 00 0C 0A 00 00 C2 09-00 00 55 0D 00 00 82 0C   ..........U.....
2A66:0150  00 00 37 0C 00 00 AF 0B-00 00 4E 11 00 00 10 1A   ..7.......N.....
2A66:0160  00 00 57 19 00 00 F7 1B-00 00 CA 1B 00 00 AB 1B   ..W.............
2A66:0170  00 00 9B 1B 00 00 08 22-00 00 B9 21 00 00 B6 20   ......."...!...
-u
2A66:0100  E9889C         JMP     9D8B
2A66:0103  43             INC     BX
2A66:0104  6F             DB      6F
2A66:0105  6E             DB      6E
2A66:0106  7665           JBE     016D
2A66:0108  7274           JB      017E
2A66:010A  65             DB      65
2A66:010B  64             DB      64
2A66:010C  0000           ADD     [BX+SI],AL
2A66:010E  0000           ADD     [BX+SI],AL
2A66:0110  4D             DEC     BP
2A66:0111  5A             POP     DX
2A66:0112  7300           JNB     0114
2A66:0114  4F             DEC     DI
2A66:0115  007100         ADD     [BX+DI+00],DH
2A66:0118  2000           AND     [BX+SI],AL
2A66:011A  B30D           MOV     BL,0D
2A66:011C  FFFF           ???     DI
2A66:011E  250B50         AND     AX,500B
```

In der Anzeige des »D«-Befehls sehen Sie in der ersten Zeile das Wort »Converted«. Wie Sie bei der Anwendung des »U«-Befehls erkennen, wird auch dieser Text in symbolischen Code umgewandelt. Eine Ausführung findet im Programmablauf jedoch nie statt. Der erste Befehl ist ein Sprung an die Offsetadresse 9D8Bh. Dort wird die Abarbeitung des Programms fortgesetzt.

Hierzu geben wir

`-u cs:9d8b`

ein, um die weiteren Befehle in symbolischen Code angezeigt zu bekommen.

Es werden immer die Adresse, der Maschinencode und der symbolische Code angezeigt.

In der vorletzten Zeile befinden sich im symbolischen Code drei Fragezeichen (»???«). In diesem Fall konnte der »Maschinencode« nicht in symbolischen Code umgesetzt werden.

Es ist empfehlenswert, eine Umwandlung in symbolischen Code zu protokollieren. Schalten Sie hierfür den Drucker hinzu ([Strg]+[Druck] bzw. [Strg]+[P]).

W [adresse [laufwerk sektor anzahl]] *Write*

Für das Speichern von Daten aus dem Hauptspeicher auf eine Diskette oder Festplatte steht der Befehl »W« zur Verfügung.

Bevor Sie mit diesem Befehl Daten in eine Datei speichern, sollten Sie unbedingt den Dateinamen mit dem Befehl »N« definieren. Als nächstes muß die Dateigröße in das Registerpaar BX und CX geladen werden (»R«-Befehl). Die Register müssen vor allem dann neu geladen werden, wenn vorher der Befehl »G«, »T« oder »P« ausgeführt wurde. *Prüfen Sie die Registerinhalte immer, bevor Sie Daten in eine Datei speichern!* Auch der spezifizierte Name kann geprüft werden:

`d cs:5c`

Geben Sie keine Startadresse an, ab der Daten aus dem Hauptspeicher auf einen Datenträger geschrieben werden sollen, wird immer die Adresse CS:0100 verwendet.

Beispiel:

```
-r bx
BX 0000
:
-r cx
CX 0000
:119
-n gesicht.com
-w
Writing 0119 bytes
```

Dateien mit der Namenserweiterung EXE oder HEX können und dürfen nicht mit dem Befehl »W« auf einen Datenträger gespeichert werden.

Der Befehl ermöglicht es auch, direkt auf eine Diskette oder Festplatte zu schreiben. Beachten Sie hierzu auch die Beschreibung zum Befehl »Load«.

Um Daten aus dem Hauptspeicher auf bestimmte Sektoren zu schreiben, muß immer eine Startadresse angegeben werden. Danach folgen die Angaben zum Laufwerk, dem Sektor, ab dem geschrieben werden soll, sowie die Anzahl der zu schreibenden Sektoren.

Laufwerksnummern:

0	Laufwerk A
1	Laufwerk B
2	Laufwerk C
3	Laufwerk D
usw.	

Maximal können 128 aufeinanderfolgende Sektoren (80h) mit einem Befehlsaufruf geschrieben werden.

Beispiel:

```
w 100 0 0 1
```

Ab der Hauptspeicheradresse CS:0100 wird auf Laufwerk A ab dem ersten Sektor ein Sektor geschrieben.

Beachten Sie das Kapitel 6 mit weiteren detaillierten Informationen.

Geben Sie ein Laufwerk an, das nicht bereit ist (z.B. keine Diskette im Laufwerk), erhalten Sie die Fehlermeldung:

```
Nicht bereit Lesefehler Laufwerk A
A(bbruch), W(iederholen), U(ebergehen)?
```

Geben Sie [A] für den Abbruch des Vorgangs ein. Ist eine angeschlossene Einheit zum Beispiel abgeschaltet, kann die Fehlermeldung auch lauten:

```
Disketten-/Plattenfehler beim Schreiben auf Laufwerk D
```

Arbeiten Sie bei Verwendung des Befehls »W« mit *sehr großer Vorsicht*. Wenn Sie noch ungeübt sind, sollten Sie beim direkten Schreiben von Sektoren erst nur mit Disketten ohne wichtige Daten arbeiten, da ein fehlerhaftes Zurückschreiben auf die Festplatte verheerende Folgen haben kann. In diesem Fall kann eine Neuformatierung notwendig werden!

XA seiten — *Expanded Memory Allocate*

Mit Hilfe dieses Befehls ab DOS 4.0 reservieren Sie sich bzw. DEBUG 16-Kbyte-EMS-Seiten im Expanded Memory. Den so zugewiesenen logischen Seiten wird eine (Handle-) Nummer zugewiesen, mit Hilfe derer eine Identifikation bei der weiteren Arbeit mit diesem Speicherbereich möglich ist.

Ist die angeforderte Anzahl (hexadezimal) von 16-Kbyte-Seiten in der Speichererweiterung nicht mehr verfügbar, erhalten Sie eine Fehlermeldung:

```
Anzahl freier Seiten überschritten
```

Geben Sie eine größere Anzahl an, als noch frei ist, wird lediglich »Fehler« angezeigt.

Beispiel:

```
xa 1a
```

Mit diesem Befehl reservieren Sie sich 26 (1Ah) logische EMS-Seiten aus dem Expanded-Memory-Bereich. Nach Eingabe des Befehls wird Ihnen die Handle-Nummer für die Seiten angezeigt:

```
Handle created = 0004
```

bzw.

```
Behandlungsroutine hergestellt=0004
```

Die angezeigte Nummer benötigen Sie für die weitere Arbeit mit dem EMS-Speicher. Vergessen Sie möglichst nicht, vor Verlassen von DEBUG, den reservierten EMS-Speicherbereich mit dem Befehl »XD« wieder freizugeben. Ohne die Freigabe bleibt der Speicher so lange reserviert, bis Sie den Computer abschalten.

Sie können sich einen Speicherbereich oder mehrere (mehrere Handle-Nummern) reservieren.

> **XD handle** _Expanded Memory Deallocate_

Mit diesem Befehl, der ab DOS 4.0 zur Verfügung steht, können Sie einen mit »XA« reservierten Speicherbereich im Expanded Memory wieder für die Benutzung durch andere Programme freigeben.

Hierfür benötigen Sie die dem reservierten EMS-Speicherbereich zugeordnete Handle-Nummer, die Sie nach dem Befehl angeben.

Beispiel:

```
xd 4
```

Ist die von Ihnen angegebene Nummer dem System nicht bekannt, erhalten Sie eine Fehlermeldung:

```
Behandlungsroutine nicht gefunden
```

Bei erfolgreicher Freigabe des Speicherbereichs erhalten Sie eine entsprechende Meldung:

```
Handle 0004 deallocated
```

bzw.

```
Behandlungsroutine 0004 freigegeben
```

Wissen Sie die Nummer für die Freigabe des Speichers nicht mehr, können Sie sich mit dem Befehl »XS« einen Status anzeigen lassen.

> **XM lseite pseite handle** _Expanded Memory Map Pages_

Bei der Verwendung von EMS gibt es logische und physikalische Seiten. Die logischen Seiten sind die 16 Kbyte Speicherbereiche im Expanded Memory, die physikalischen Seiten befinden sich innerhalb der 640 Kbyte, mit denen unter DOS gearbeitet werden kann.

Sie können mit Daten und Programmteilen nur arbeiten, wenn sich diese innerhalb des konventionellen Speicherbereichs befinden. Deshalb ist es bei Verwendung von EMS notwendig, Speicherbereiche aus dem Expanded Memory mit EMS für die Bearbeitung ständig ein- und auszulagern.

Hierfür steht ab DOS 4.0 der Befehl »XM« zur Verfügung. Mit ihm schalten Sie innerhalb des Speichers die Adressen so um, daß eine logische Seite zu physikalischen wird. Es werden keine Daten kopiert, sondern lediglich Adressen so verändert, daß eine logische Seite zu einer physikalischen wird. Daher müssen Sie beim Verändern von Daten im erweiterten Speicherbereich nicht extra sichern.

Die Anzahl und Nummern der physikalischen Seiten sowie deren Segmentadressen werden bei Eingabe des »XS«-Befehls angezeigt.

Beispiel:

```
xm 9 3 4
```

Als Bestätigung erhalten Sie die Meldung

```
Logical page 09 mapped to physical page 03
```

bzw.

```
Logische Seite 09 auf physischer Seite 03 abgebildet.
```

Nach diesem Befehl befindet sich die logische Seite 09h mit einer Größe von 16 Kbyte an der Hauptspeicheradresse der physikalischen Seite 03h.

Sie können jetzt mit diesem Speicher arbeiten, wenn Sie die dazugehörige Segment- und Offsetadresse wissen. Diese Information erhalten Sie bei Eingabe des Befehls »XS«.

XS — *Expanded Memory Status*

Der Befehl (ab DOS 4.0) wird ohne weitere Zusatzeingaben verwendet. Er zeigt Ihnen alle Informationen zu EMS am Bildschirm an:

- Anzahl der Seiten pro Handle-Nummer
- Alle vergebenen Handle-Nummern
- Verfügbare physikalische Seiten-Nummern
- Adressen der physikalischen Seiten
- Gesamtzahl der logischen Seiten
- Anzahl der bereits vergebenen logischen Seiten
- Gesamtzahl der verfügbaren Handle-Nummern
- Anzahl der bereits vergebenen Handle-Nummern

Beispiele:

```
-xs
Handle 0000 has 0000 pages allocated
Handle 0001 has 0005 pages allocated
Handle 0002 has 0080 pages allocated
Handle 0003 has 0010 pages allocated
Physical page 00 = Frame segment D000
Physical page 01 = Frame segment D400
Physical page 02 = Frame segment D800
Physical page 03 = Frame segment DC00
  95 of a total  148 EMS pages have been allocated
   4 of a total   FF EMS handles have been allocated
```

Die Handle-Nummern 0h bis 3h sind bereits vergeben. Nach den jeweiligen Nummern ist angegeben, wieviele 16 Kbyte große Seiten im Expanded Memory für den Handle reserviert sind.

Zu den vier zur Verfügung stehenden physikalischen Seiten 0h bis 3h sind die Adressen angegeben. Es handelt sich dabei um Segmentadressen. Die dazugehörige Offsetadresse ist immer 0000h.

Von 328 (148h) logischen Seiten sind bereits 149 (95h) vergeben. Es stehen also noch 179 Seiten zur Verfügung, die Sie mit dem Befehl »XA« zuweisen können.

Von maximal 255 (FFh) Handle-Nummern sind derzeit laut Anzeige vier in Verwendung.

```
-xa 1a
Handle created = 0004
```

bzw.

```
Erstellte Behandlungsroutine = 0004
```

Der Handle-Nummer 4h werden 26 logische Seiten zugewiesen. Wir lassen uns jetzt noch einmal den Status anzeigen:

Die Befehle und deren Anwendung

```
-xs
Handle 0000 has 0000 pages allocated
Handle 0001 has 0005 pages allocated
Handle 0002 has 0080 pages allocated
Handle 0003 has 0010 pages allocated
Handle 0004 has 001A pages allocated
Physical page 00 = Frame segment D000
Physical page 01 = Frame segment D400
Physical page 02 = Frame segment D800
Physical page 03 = Frame segment DC00
  AF of a total  148 EMS pages have been allocated
   5 of a total   FF EMS handles have been allocated
```

Vergessen Sie nicht, einen zugeordneten EMS-Speicherbereich vor Verlassen von DEBUG wieder freizugeben:

-xd 4

Handle 0004 deallocated

bzw.

Zuordnung für Behandlungsroutine 0004 aufgehoben

Hier das letzte Anzeige-Beispiel für die deutsche DEBUG-Version zu MS-DOS:

```
Behandlungsroutine 0000 hat 0000 Seiten zugewiesen
Behandlungsroutine 0001 hat 0005 Seiten zugewiesen
Behandlungsroutine 0002 hat 0080 Seiten zugewiesen
Behandlungsroutine 0003 hat 0010 Seiten zugewiesen
Behandlungsroutine 0004 hat 001A Seiten zugewiesen
Physische Seite 00 = Rahmensegment D000
Physische Seite 01 = Rahmensegment D400
Physische Seite 02 = Rahmensegment D800
Physische Seite 03 = Rahmensegment DC00
  AF aus gesamt  148 EMS Seiten sind zugewiesen
   5 aus gesamt   FF EMS Behandlungsroutinen sind zugewiesen
```

Allgemeine Bemerkungen und Informationen

Versuchen Sie mit einem der Befehle »XA«, »XD«, »XM« oder »XS« zu EMS zu arbeiten, ohne daß ein EMS-Treiber geladen ist, erhalten Sie eine Fehlermeldung:

```
EMS nicht installiert
```

Versuchen Sie mit den Befehlen »N« oder »W« eine Datei mit der Namenserweiterung EXE oder HEX zu speichern, erhalten Sie die Fehlermeldung

```
Änderungen bei .EXE und .HEX-Dateien können nicht durchgeführt werden.
```

Beachten Sie hierzu die Anmerkungen bei der Beschreibung zu den einzelnen Befehlen.

Neben der Fehlermeldung zur Syntax einer falschen Eingabezeile gibt es noch zusätzliche *allgemeine Fehlercodes*:

BF	Sie haben zum Register F ein falsches Buchstabenpaar als Set- oder Clear-Code eingegeben. Beachten Sie die Angaben zum Befehl »R« in diesem Kapitel.
BP	Geben Sie zum Befehl »G« mehr als 10 Stoppadressen an, erhalten Sie diesen Fehlercode. Wiederholen Sie die Eingabe mit weniger Stoppadressen.
BR	Sie haben bei Verwendung des Befehls »R« eine Bezeichnung eingegeben, die nicht als Registername verfügbar ist. Beachten Sie die Beschreibung zum Befehl in diesem Kapitel.
DF	Sie haben versucht mit dem Befehl »R« dem Register F für einen Schalter mehr als einen Code zuzuordnen, was nicht möglich ist, da sich diese gegenseitig ausschließen würden.

Thematische Zusammenfassung der einzelnen Befehle in der Übersicht mit Seitennummer:

Speicherinhalt anzeigen		
D	Dump	Seite 55
Speicherinhalte miteinander vergleichen		
C	Compare	Seite 54
Im Speicher suchen		
S	Search	Seite 78
Einen Speicherbereich kopieren		
M	Move	Seite 69
Die Dateneingabe in den Speicher		
E	Enter	Seite 59
F	Fill	Seite 61
Die Register		
R	Register	Seite 74
Assembling und Unassembling		
A	Assemble	Seite 53
U	Unassemble	Seite 81
Die Programmausführung		
G	Go	Seite 63
T	Trace	Seite 79
P	Proceed	Seite 73
Eine Datei benennen		
N	Name	Seite 70

Eine Datei laden und speichern		
L	Load	Seite 67
W	Write	Seite 83
Das Senden und Empfangen von Daten eines Ports		
O	Output	Seite 72
I	Input	Seite 66
Das hexadezimale Rechnen		
H	Hex	Seite 66
Die Nutzung von EMS		
XA	Allocation	Seite 85
XD	Deallocation	Seite 86
XM	Map	Seite 86
XS	Status	Seite 87
DEBUG beenden		
Q	Quit	Seite 74

6 Die Bearbeitung/ Modifikation von Dateien und Programmen

In diesem Kapitel will ich Ihnen im wesentlichen drei verschiedene Möglichkeiten zur Arbeit mit DEBUG vorstellen, die auf den Informationen zu den Befehlen in Kapitel 5 aufbauen:

1. Änderungen in fertigen Programmen und Datendateien
2. Die Arbeit mit dem Bootsektor
3. Wie eine gelöschte Datei wieder sichtbar gemacht werden kann

Damit Sie die Beispiele auch auf andere Anwendungen übertragen können, enthält dieses Kapitel auch eine Reihe von Grundlageninformationen zum Aufbau von Disketten, Festplatten und der internen Dateiverwaltung von DOS.

Vielleicht vermissen Sie an dieser Stelle die Änderung von Programmcode. Programmänderungen sind selbstverständlich mit DEBUG ebenfalls möglich. Ohne Kenntnisse des Programmcode kann dies aber zu erheblichen Fehlern führen, auch wenn Sie alles richtig machen. Eine Ursache liegt zum Beispiel darin, daß viele Anwendungen teilweise sehr stark ineinander verschachtelt sind. Dabei greifen verschiedenste Programmteile ineinander. Eine Änderung könnte hier unvorhersehbare Folgen haben.

In diesem Zusammenhang muß ich Sie auch noch darauf hinweisen, daß bei einer Änderung in Programmen Ihr Anspruch auf Unterstützung des Herstellers oder Lieferanten entfällt. Derartige Hinweise oder Verbote finden Sie auch in den Lizenzbedingungen zu Ihrer Software. Daher sollten Sie Änderungen niemals in Originalprogrammen, sondern nur in Kopien vornehmen. Zur Not können Sie dann immer noch auf das Original zurückgreifen.

6.1 Wie Sie die Bildschirmanzeigen von Programmen ändern können

Jedes Programm enthält auch die Texte zur Anzeige von Masken für die Eingaben. Dazu kommen häufig auch feststehende Texte für die Ausgabe von Listen auf den Drucker.

Hier entsteht vereinzelt der Wunsch, diese feststehenden Texte zu ändern. Dies kann die verschiedensten Ursachen haben. Zum Beispiel unverständliche Ausdrücke und englischsprachige Software.

Bevor Sie mit der Änderung von Texten in Programmen beginnen, sollten Sie einige wichtige Grundlagen kennenlernen, an die Sie sich unbedingt halten sollten, damit keine Fehler entstehen können:

1. Änderungen nur in Kopien der Programmdateien vornehmen
2. Dateien mit der Namenserweiterung EXE oder HEX müssen vor der Änderung umbenannt werden
3. Die Längen der Texte nicht verändern
4. Nach der Änderung das Programm testen

Viele Anwendungsprogramme bestehen aus mehr als einer Programmdatei. Häufig haben die zusätzlichen Dateien keine COM- oder EXE-Namenserweiterung, sondern zum Beispiel OVL oder OVR. In diesem Fall befinden sich die Texte häufig in einer der Zusatzdateien. Wenn im Handbuch dazu nichts steht, müssen Sie so lange Datei für Datei durchsuchen, bis die richtige gefunden ist.

Bitte beachten Sie, daß es sich im folgenden nur um Beispiele handelt. Die Texte in den DOS-Programmen können sich bei Ihnen an einer anderen Stelle im Speicher befinden. Ferner können die Texte anders lauten. Bitte beachten Sie dies unbedingt, bevor Sie die folgenden Beispiele selbst anwenden!

Beispiel 1:

Jeder von Ihnen hat den DOS-Befehl *DISKCOPY* auf der Systemdiskette oder Festplatte. Als erstes wollen wir einen Text in diesem kleinen DOS-Programm ändern. Gehen Sie wie nachfolgend beschrieben Schritt für Schritt vor.

Sollte Ihr DISKCOPY-Befehl nicht die Namenserweiterung COM, sondern EXE besitzen, beachten Sie die richtige Endung im folgenden Kopierbefehl. Nach Abschluß der Arbeit muß das Programm auf die EXE-Namenserweiterung umbenannt werden.

```
C:\>copy diskcopy.com diskneu.com
        1 Datei(en) kopiert
C:\>debug diskneu.com
```

Nach dem Laden der Kopie von DISKCOPY sehen wir uns erst die Registerinhalte an. Die Programmgröße befindet sich im Register CX. Diese Angabe erhöhen wir für die Anwendung mit dem Suchbefehl um 100h auf 2A2C, da DEBUG Dateien immer ab der Offsetadresse 0100h in den Speicher lädt.

```
-r
AX=0000  BX=0000  CX=292C  DX=0000  SP=FFFE  BP=0000  SI=0000  DI=0000
DS=2A66  ES=2A66  SS=2A66  CS=2A66  IP=0100     NV UP EI PL NZ NA PO NC
2A66:0100 E91707          JMP       081A
-s cs:0100 2a2c 'DISKCOPY'
2A66:156F
2A66:15EB
```

Als erstes suchen wir den Begriff »DISKCOPY« im Programm. Dieser wurde an zwei Stellen gefunden, die uns vom Such-Befehl angezeigt werden.

Die Suche von Texten in einem Programm ist nicht immer so einfach. Wenn Sie genau wissen, wie der zu ändernde Text lautet, verwenden Sie wie hier den Such-Befehl von DEBUG. Im anderen Fall müssen Sie mit Hilfe des »D«-Befehls das gesamte Programm durchsuchen.

Ein kleiner Tip: In vielen Programmen befinden sich die Texte zusammenhängend als ein Block sehr weit hinten. Also suchen Sie erst einmal am Ende des Programms im Speicher.

In unserem Fall beginnen wir mit der Anzeige der Einfachheit halber an der Offsetadresse 1500h. Am besten Sie schalten den Drucker dazu ein und betätigen zum Befehl die Tastenkombination [Strg]+[P] (für das Ausschalten des Druckers die gleiche Tastenkombination drücken):

```
-d 1500
2A66:1500   91 03 16 00 A7 03 17 00-D6 03 19 00 04 04 1A 00   ................
2A66:1510   1F 04 15 46 61 6C 73 63-68 65 20 44 4F 53 2D 56   ...Falsche DOS-V
2A66:1520   65 72 73 69 6F 6E 0D 0A-02 0D 0A 16 55 6E 67 81   ersion......Ung.
2A66:1530   6C 74 69 67 65 72 20 50-61 72 61 6D 65 74 65 72   ltiger Parameter
2A66:1540   0D 0A 40 4B 65 69 6E 65-28 6E 29 20 44 61 74 65   ..@Keine(n) Date
2A66:1550   69 6E 61 6D 65 6E 20 61-6E 67 65 62 65 6E 0D 0A   inamen angeben..
2A66:1560   42 65 66 65 68 6C 73 66-6F 72 6D 61 74 3A 20 44   Befehlsformat: D
2A66:1570   49 53 4B 43 4F 50 59 20-64 3A 20 64 3A 5B 2F 31   ISKCOPY d: d:[/1
-d
2A66:1580   5D 0D 0A 64 0D 0A 55 6E-67 81 6C 74 69 67 65 20   ]..d..Ung.ltige 
2A66:1590   4C 61 75 66 77 65 72 6B-73 61 6E 67 61 62 65 0D   Laufwerksangabe.
2A66:15A0   0A 41 6E 67 65 67 65 62-65 6E 65 73 20 4C 61 75   .Angegebenes Lau
2A66:15B0   66 77 65 72 6B 20 65 78-69 73 74 69 65 72 74 20   fwerk existiert 
2A66:15C0   6E 69 63 68 74 0D 0A 6F-64 65 72 20 69 73 74 20   nicht..oder ist 
2A66:15D0   6B 65 69 6E 20 44 69 73-6B 65 74 74 65 6E 6C 61   kein Diskettenla
2A66:15E0   75 66 77 65 72 6B 0D 0A-30 0D 0A 44 49 53 4B 43   ufwerk..0..DISKC
2A66:15F0   4F 50 59 20 66 81 72 20-4E 65 74 7A 77 65 72 6B   OPY f.r Netzwerk
```

Wir wollen in DISKCOPY den Text

`Befehlsformat: DISKCOPY d: d:[/1]`

ändern, damit klar erkennbar ist, ob zuerst das Ziel- oder Quellenlaufwerk angegeben werden muß (von/nach). Für diese Änderung verwenden wir den »E«-Befehl. Der Text beginnt an der Offsetadresse 1560 im Hauptspeicher. Da der neue Text um ein Zeichen kürzer ist als der alte, geben wir am Ende auch noch ein Leerzeichen an. Wichtig ist, daß der neue Text maximal die Länge des alten besitzt. Zur Kontrolle lassen wir uns nach der Änderung noch einmal das geänderte Programm am Bildschirm anzeigen.

Kapitel 6

```
-e 1560 'Richtig: diskcopy vlw: nlw: [/1] '
-d 1500
    1a0
2A66:1500   91 03 16 00 A7 03 17 00-D6 03 19 00 04 04 1A 00   ................
2A66:1510   1F 04 15 46 61 6C 73 63-68 65 20 44 4F 53 2D 56   ...Falsche DOS-V
2A66:1520   65 72 73 69 6F 6E 0D 0A-02 0D 0A 16 55 6E 67 81   ersion......Ung.
2A66:1530   6C 74 69 67 65 72 20 50-61 72 61 6D 65 74 65 72   ltiger Parameter
2A66:1540   0D 0A 40 4B 65 69 6E 65-28 6E 29 20 44 61 74 65   ..@Keine(n) Date
2A66:1550   69 6E 61 6D 65 6E 20 61-6E 67 65 62 65 6E 0D 0A   inamen angeben..
2A66:1560   52 69 63 68 74 69 67 3A-20 64 69 73 6B 63 6F 70   Richtig: diskcop
2A66:1570   79 20 76 6C 77 3A 20 6E-6C 77 3A 20 5B 2F 31 5D   y vlw: nlw: [/1]
2A66:1580   20 0D 0A 64 0D 0A 55 6E-67 81 6C 74 69 67 65 20   ..d..Ung.ltige
2A66:1590   4C 61 75 66 77 65 72 6B-73 61 6E 67 61 62 65 0D   Laufwerksangabe.
```

Wie Sie anhand der Anzeige erkennen können, wurde der Vorgang korrekt ausgeführt. Sollte dies nicht der Fall sein, verlassen Sie am besten DEBUG und starten es erneut, um den Vorgang zu wiederholen. Dies ist meist einfacher und geht schneller als eine Korrektur im Hauptspeicher.

Zum Abschluß speichern wir noch das geänderte Programm und verlassen DEBUG, um zum Betriebssystem zurückzukehren.

```
-w
Writing 292C bytes
-q
```

Zum Abschluß testen wir unsere Änderung im Programm:

```
C:\>diskneu a: a: /u
Ungültiger Parameter - /u
Keine(n) Dateinamen angeben
Richtig: diskcopy vlw: nlw: [/1]
```

Wie Sie erkennen können, haben wir alles richtig gemacht und die geänderte Fehlermeldung erscheint am Bildschirm.

Versuchen Sie doch einmal den Fehlertext »Ungültiger Paramter« zu ändern. Je nach DOS-Version werden Sie beim Testen feststellen, daß Ihr geänderter Text nicht angezeigt wird. Bei der weiteren Suche im Programm finden Sie auch keine weitere Stelle, an der dieser Text noch einmal wiederholt wird. Woran liegt das?

Vor allem in DOS-Version 4.0 hat man begonnen, Fehlertexte aus den Programmen zu entnehmen und diese im Betriebssystemkern zusammenzufassen. Hierzu gehört auch die Fehlermeldung »Ungültiger Parameter«. Dieser Text steht zwar noch in DISKCOPY, wird aber nicht mehr verwendet. Diese Fehlermeldungen finden Sie im Programm COMMAND.COM, auf die zum Beispiel DISKCOPY zugreift.

Läßt sich eine Meldung von einem Betriebssystemprogramm nicht ändern, versuchen Sie es doch einmal in COMMAND.COM.

Beispiel 2:

Als zweites Beispiel wollen wir eine Änderung in XCOPY vornehmen. Da es sich dabei um ein Programm mit der Namenserweiterung EXE handelt, muß mit dem Kopieren auch diese geändert werden:

```
C:\>copy xcopy.exe xcopy
      1 Datei(en) kopiert
```

Wir bearbeiten jetzt die Kopie mit dem Namen XCOPY, die wir mit DEBUG laden:

```
C:\>debug xcopy
```

Als erstes lassen wir uns die Registerinhalte anzeigen, um festzustellen, wie lang das geladene Programm ist. Um den Teil zu finden, der die Texte enthält, geben wir anschließend den »D«-Befehl ein. Mit [Strg]+[S] können Sie die Anzeige stoppen und bei erneuter Betätigung wieder weiterlaufen lassen.

```
-r
AX=0000  BX=0000  CX=437F  DX=0000  SP=FFEE  BP=0000  SI=0000  DI=0000
DS=2A49  ES=2A49  SS=2A49  CS=2A49  IP=0100     NV UP EI PL NZ NA PO NC
2A49:0100 4D            DEC   BP
-d 100 447f
2A49:0100  4D 5A 5F 01 22 00 03 00-20 00 00 00 FF FF 00 00   MZ_."... .......
2A49:0110  00 02 E5 AF 6E 0B BE 00-1E 00 00 00 01 00 70 0B   ....n.........p.
2A49:0120  BE 00 DC 0B BE 00 21 0C-BE 00 00 00 00 00 00 00   ......!.........
usw.
2A49:1630  21 00 9A 03 22 00 A2 03-23 00 AB 03 15 46 61 6C   !..."...#....Fal
2A49:1640  73 63 68 65 20 44 4F 53-2D 56 65 72 73 69 6F 6E   sche DOS-Version
2A49:1650  0D 0A 1E 4E 69 63 68 74-20 67 65 6E 81 67 65 6E   ...Nicht gen.gen
```

Wie Sie erkennen können, beginnen die Texte ab der Offsetadresse 163Dh. Am einfachsten ist es, die Texte auszudrucken. Betätigen Sie [Strg]+[P] und geben Sie den Befehl für die Anzeige ein:

```
-d 1630 1a00
2A49:1630   21 00 9A 03 22 00 A2 03-23 00 AB 03 15 46 61 6C   !..."...#....Fal
2A49:1640   73 63 68 65 20 44 4F 53-2D 56 65 72 73 69 6F 6E   sche DOS-Version
2A49:1650   0D 0A 1E 4E 69 63 68 74-20 67 65 6E 81 67 65 6E   ...Nicht gen.gen
2A49:1660   64 20 48 61 75 70 74 73-70 65 69 63 68 65 72 0D   d Hauptspeicher.
2A49:1670   0A 16 55 6E 67 81 6C 74-69 67 65 72 20 50 61 72   ..Ung.ltiger Par
2A49:1680   61 6D 65 74 65 72 0D 0A-6C 57 69 72 64 20 64 75   ameter..lWird du
2A49:1690   72 63 68 20 25 31 20 65-69 6E 20 44 61 74 65 69   rch %1 ein Datei
2A49:16A0   6E 61 6D 65 20 6F 64 65-72 20 65 69 6E 20 56 65   name oder ein Ve
2A49:16B0   72 7A 65 69 63 68 6E 69-73 0D 0A 61 75 66 20 64   rzeichnis..auf d
2A49:16C0   65 72 20 5A 69 65 6C 65-69 6E 68 65 69 74 20 61   er Zieleinheit a
2A49:16D0   6E 67 65 67 65 62 65 6E-0D 0A 28 44 3D 44 61 74   ngegeben..(D=Dat
2A49:16E0   65 69 2C 20 56 3D 56 65-72 7A 65 69 63 68 6E 69   ei, V=Verzeichni
2A49:16F0   73 29 3F 0D 0A 30 5A 75-6D 20 4B 6F 70 69 65 72   s)?..0Zum Kopier
2A49:1700   65 6E 20 64 65 72 20 44-61 74 65 69 28 65 6E 29   en der Datei(en)
2A49:1710   20 65 69 6E 65 20 54 61-73 74 65 20 62 65 74 84    eine Taste bet.
2A49:1720   74 69 67 65 6E 2E 0E 50-66 61 64 20 7A 75 20 6C   tigen..Pfad zu l
2A49:1730   61 6E 67 0D 0A 11 55 6E-67 81 6C 74 69 67 65 72   ang...Ung.ltiger
```

In diesem Abschnitt befindet sich auch der Text

`(D=Datei, V=Verzeichnis)?`

Die Buchstaben »D« und »V« sollten Sie nicht ändern, da es sich dabei um Text handelt, der mit einer Eingabe von der Tastatur als Antwort auf eine Frage zusammenhängt. Ändern Sie die beiden Buchstaben, führt dies nicht zu einer korrekten Darstellung, da nach wie vor nur mit »D« und »V« eine Antwort möglich ist. Um derartige Einstellungen zu ändern, ist ein extrem hoher Aufwand notwendig, da der Programmablauf unter DEBUG erfolgen muß, bis die Stelle gefunden wird, an der die Eingabe erfolgt. Hier kann dann festgestellt werden, wo sich die Abfrage mit den beiden Buchstaben befindet.

Wir wollen jetzt den Text

`Zum Kopieren der Datei(en) eine Taste betätigen.`

ändern, der an der Offsetadresse 16F6h beginnt und eine Länge von 48 Zeichen besitzt. Diesen Text wollen wir gegen

`Zum Kopierstart die Eingabetaste drücken...`

austauschen. Dieser Text wird immer dann angezeigt, wenn Sie zum Befehl den Parameter /W angeben.

Die Bearbeitung/Modifikation von Dateien und Programmen 101

-e 16F6 'Zum Kopierstart die Eingabetaste drücken...   ' 0d 0a

Am Ende sind drei Leerzeichen erforderlich, da der neue Text kürzer ist als der alte. Damit fehlen aber immer noch zwei Zeichen, für die wir die Codes 0Dh und 0Ah eingegeben haben. Dies bedeutet lediglich, daß nach der angezeigten Textzeile der Cursor in der nächsten Zeile am Anfang steht:

0Dh Cursor zurück zum Zeilenanfang
0Ah Cursor in der gleichen Spalte um eine Zeile nach unten bewegen

Zur Sicherheit lassen wir uns den geänderten Text noch einmal am Bildschirm anzeigen. Zum Abschluß wird das geänderte Programm dann gespeichert und wir verlassen DEBUG wieder.

```
-d 16f0
2A49:16F0   73 29 3F 0D 0A 30 5A 75-6D 20 4B 6F 70 69 65 72   s)?..0Zum Kopier
2A49:1700   73 74 61 72 74 20 64 69-65 20 45 69 6E 67 61 62   start die Eingab
2A49:1710   65 74 61 73 74 65 20 64-72 81 63 6B 65 6E 2E 2E   etaste dr.cken..
2A49:1720   2E 20 20 20 0D 0A 0E 50-66 61 64 20 7A 75 20 6C   .   ...Pfad zu l
2A49:1730   61 6E 67 0D 0A 11 55 6E-67 81 6C 74 69 67 65 72   ang...Ung.ltiger
2A49:1740   20 50 66 61 64 0D 0A 1F-5A 79 6B 6C 69 73 63 68    Pfad...Zyklisch
2A49:1750   65 20 4B 6F 70 69 65 20-6E 69 63 68 74 20 6D 94   e Kopie nicht m.
2A49:1760   67 6C 69 63 68 0D 0A 18-55 6E 67 81 6C 74 69 67   glich...Ung.ltig
-w
Writing 437F bytes
-q
```

Bevor wir das geänderte Programm testen können, müssen wir den Namen wieder ändern:

```
C:\>ren xcopy xcopyneu.exe
C:\>xcopyneu datei1 datei2 /w
Zum Kopierstart die Eingabetaste drücken...
```

Wie Sie sehen, hat unsere Modifikation zum korrekten Ergebnis geführt. Drücken Sie jetzt noch die Taste ⏎, startet das Programm den Kopiervorgang, soweit die angegebene Datei gefunden wird.

6.2 Wie Sie Datendateien ändern können

Das Ändern von Datendateien ist dem von Programmen sehr ähnlich. Normalerweise sollte auch nie der Bedarf bestehen, derartige Dateien mit DEBUG zu ändern, da hierfür die dazugehörigen Programme vorhanden sind.

In ganz seltenen Fällen kann es aber trotzdem einmal notwendig sein, daß Sie eine Datendatei mit DEBUG modifizieren müssen. Beachten Sie hierzu unbedingt das im Abschnitt 6.1 Beschriebene, das auch für Datendateien Gültigkeit hat.

Probleme gibt es mit Datendateien immer dann, wenn diese sehr groß sind. Sehr schnell ist eine Datei zu groß, um sie mit DEBUG bearbeiten zu können. Sie erhalten in diesem Fall eine Fehlermeldung, daß der zur Verfügung stehende Hauptspeicher zu klein ist.

Nach dem Laden einer Datei lassen Sie sich wie gewohnt die Register anzeigen:

```
-r
AX=0000  BX=0003  CX=DB00  DX=0000  SP=FFEE  BP=0000  SI=0000  DI=0000
DS=2A49  ES=2A49  SS=2A49  CS=2A49  IP=0100   NV UP EI PL NZ NA PO NC
2A49:0100 389A0000      CMP     [BP+SI+0000],BL                    SS:0000=CD
```

Am Inhalt des Registers BX können Sie erkennen, daß die Datei größer als 64 Kbyte (= 1 Segment) ist. Die zugrundeliegende Datei hat ca. 250 Kbyte und benötigt daher mehr als drei Segmente.

Mit fast allen Befehlen kann nur innerhalb eines Segments gearbeitet werden. Daher sind weitere Schritte notwendig.

Beispiel:

```
-d 2a49:100 ffff
-d 3a49:0 ffff
-d 4a49:0 ffff
-d 5a49:0 dc00
```

Wie Sie an diesem Beispiel erkennen können, sind vier Befehle nacheinander notwendig, um sich die Datei komplett anzeigen zu lassen, da als zweite Adresse nur eine Offsetadresse angegeben werden kann.

Das gleiche gilt selbstverständlich auch für andere Befehle, wie zum Beispiel dem »S«-Befehl zur Suche von Zeichen in den Daten.

Verwenden Sie den »W«-Befehl, um die Datei geändert zurückzuspeichern, wird Ihnen zwar ebenfalls nur die Größe aus dem Register CX angezeigt, aber es wird immer der korrekte Inhalt aus den Registern BX und CX verwendet. Die Anzeige von DEBUG ist in diesem Fall nicht korrekt!

```
-W
Writing DB00 bytes
```

6.3 Den Bootsektor einer Diskette oder Festplatte ändern

Jede Diskette und Festplatte besitzt einen sogenannten Bootsektor, der beim Formatieren angelegt wird. Dabei handelt es sich um den ersten Sektor bzw. Bereich, den auch zum Beispiel Spieledisketten besitzen, die nicht mit DOS nutzbar sind (von diesen muß gebootet werden).

Dieser Bootsektor hat einen ganz speziellen Inhalt. Unter anderem enthält er ein Programm, welches das Betriebssystem laden kann. Ferner sind dort die Daten zur Diskette oder Festplatte selbst gespeichert. Damit liefert der Bootsektor den Schlüssel zum Rest der Diskette, der zum Beispiel bei Spieledisketten häufig für DOS nicht zugänglich ist.

Wir wollen uns in diesem Abschnitt nicht mit den Besonderheiten von Spieledisketten beschäftigen, sondern lediglich mit dem »normalen« Bootsektor von DOS. Starten Sie hierzu das Programm DEBUG:

```
C:\>debug
-l cs:0 0 0 1
```

Mit dem »L«-Befehl haben wir in das aktuelle Codesegment an die Offsetadresse 0h den ersten Sektor der Diskette in Laufwerk A geladen. Lassen wir uns nun den ersten Sektor, der normalerweise immer die Größe von 512 Byte hat, mit dem Befehl »D« anzeigen:

```
-d cs:0 1ff
2A49:0000  EB 3C 90 49 42 4D 20 20-34 2E 30 00 02 01 01 00   .<.IBM  4.0.....
2A49:0010  02 E0 00 40 0B F0 09 00-12 00 02 00 00 00 00 00   ...@............
2A49:0020  00 00 00 00 00 00 29 D0-14 16 38 44 4F 53 20 34   ......)...8DOS 4
2A49:0030  20 20 20 20 20 20 46 41-54 31 32 20 20 20 FA 33          FAT12   .3
2A49:0040  C0 8E D0 BC 00 7C 16 07-BB 78 00 36 C5 37 1E 56   .....|...x.6.7.V
2A49:0050  16 53 BF 3E 7C B9 0B 00-FC F3 A4 06 1F C6 45 FE   .S.>|.........E.
2A49:0060  0F 8B 0E 18 7C 88 4D F9-89 47 02 C7 07 3E 7C FB   ....|.M..G...>|.
2A49:0070  CD 13 72 7C 33 C0 39 06-13 7C 74 08 8B 0E 13 7C   ..r|3.9..|t....|
```

```
2A49:0080   89 0E 20 7C A0 10 7C F7-26 16 7C 03 06 1C 7C 13    .. |..|.&.|...|.
2A49:0090   16 1E 7C 03 06 0E 7C 83-D2 00 A3 50 7C 89 16 52    ..|...|....P|..R
2A49:00A0   7C A3 49 7C 89 16 4B 7C-B8 20 00 F7 26 11 7C 8B    |.I|..K|. ..&.|.
2A49:00B0   1E 0B 7C 03 C3 48 F7 F3-01 06 49 7C 83 16 4B 7C    ..|..H....I|..K|
2A49:00C0   00 BB 00 05 8B 16 52 7C-A1 50 7C E8 87 00 72 20    ......R|.P|...r
2A49:00D0   B0 01 E8 A1 00 72 19 8B-FB B9 0B 00 BE DF 7D F3    .....r........}.
2A49:00E0   A6 75 0D 8D 7F 20 BE E9-7D B9 0B 00 F3 A6 74 18    .u... ..}.....t.
2A49:00F0   BE 93 7D E8 51 00 32 E4-CD 16 5E 1F 8F 04 8F 44    ..}.Q.2...^....D
2A49:0100   02 CD 19 58 58 58 EB E8-BB 00 07 B9 03 00 A1 49    ...XXX.........I
2A49:0110   7C 8B 16 4B 7C 50 52 51-E8 3A 00 72 E6 B0 01 E8    |..K|PRQ.:.r....
2A49:0120   54 00 59 5A 58 72 C9 05-01 00 83 D2 00 03 1E 0B    T.YZXr..........
2A49:0130   7C E2 E2 8A 2E 15 7C 8A-16 24 7C 8B 1E 49 7C A1    |.....|..$|..I|.
2A49:0140   4B 7C EA 00 00 70 00 AC-0A C0 74 29 B4 0E BB 07    K|...p....t)....
2A49:0150   00 CD 10 EB F2 3B 16 18-7C 73 19 F7 36 18 7C FE    .....;..|s..6.|.
2A49:0160   C2 88 16 4F 7C 33 D2 F7-36 1A 7C 88 16 25 7C A3    ...O|3..6.|..%|.
2A49:0170   4D 7C F8 C3 F9 C3 B4 02-8B 16 4D 7C B1 06 D2 E6    M|........M|....
2A49:0180   0A 36 4F 7C 8B CA 86 E9-8A 16 24 7C 8A 36 25 7C    .6O|......$|.6%|
2A49:0190   CD 13 C3 0D 0A 4B 65 69-6E 65 2F 66 65 68 6C 65    .....Keine/fehle
2A49:01A0   72 68 61 66 74 65 20 53-79 73 74 65 6D 64 69 73    rhafte Systemdis
2A49:01B0   6B 65 74 74 65 0D 0A 41-75 73 74 61 75 73 63 68    kette..Austausch
2A49:01C0   65 6E 20 75 6E 64 20 65-69 6E 65 20 54 61 73 74    en und eine Tast
2A49:01D0   65 20 62 65 74 84 74 69-67 65 6E 0D 0A 00 49 42    e bet.tigen...IB
2A49:01E0   4D 42 49 4F 20 20 43 4F-4D 49 42 4D 44 4F 53 20    MBIO   COMIBMDOS
2A49:01F0   20 43 4F 4D 00 00 00 00-00 00 00 00 00 00 55 AA     COM.........U.
```

Als nächsten wollen wir uns den symbolischen Code mit dem Befehl »U« ansehen. Als erstes erkennen wir einen »Sprungbefehl«, der einen großen Teil des Sektors umgeht. Er führt zur Offsetadresse 3Eh im aktuellen Segment. Dazwischen liegen einige wichtige Informationen, die wir einmal näher betrachten wollen.

```
-u cs:0
2A49:0000   EB3C            JMP  003E
2A49:0002   90              NOP
2A49:0003   49              DEC  CX
```

Die Bearbeitung/Modifikation von Dateien und Programmen

Adresse	Beschreibung	Länge	ab DOS
0003h	Hersteller bzw. DOS-Versionsnummer	8 Byte	2.0
000Bh	Anzahl Byte pro Sektor	Wort	2.0
000Dh	Anzahl Sektoren pro Cluster	1 Byte	2.0
000Eh	Anzahl reservierter Sektoren am Diskanfang	Wort	2.0
0010h	Anzahl der FATs (File Allocation Tables)	1 Byte	2.0
0011h	Maximale Anzahl der Hauptverzeichniseinträge	Wort	2.0
0013h	Gesamtanzahl der Sektoren 0000h, bei einer Kapazität von mehr als 32 Mbyte	Wort	2.0
0015h	Media Descriptor Byte (Formatkennzeichen)	1 Byte	2.0
0016h	Anzahl der Sektoren für eine FAT	Wort	2.0
0018h	Anzahl der Sektoren pro Spur	Wort	2.0
001Ah	Anzahl der Köpfe bzw. Seiten	Wort	2.0
(001Ch	Anzahl der versteckten/reservierten Sektoren	Wort	2.0)
001Ch	Anzahl der versteckten/reservierten Sektoren	Doppelwort	4.0
0020h	Gesamtzahl der Sektoren bei über 32 Mbyte	Doppelwort	4.0
0024h	Physikalische Laufwerksnummer	1 Byte	4.0
0025h	Reserviert	1 Byte	4.0
0026h	Kennzeichen für erweiterten Bootsektor (29h)	1 Byte	4.0
0027h	Datenträgernummer	Doppelwort	4.0
002Bh	Datenträgername	11 Byte	4.0
0036h	Reserviert	8 Byte	4.0

Den Bereich ab der Adresse 000Bh nennt man auch BIOS Parameter Block. Daher zeigt auch der erste Befehl bei jeder Version, zu der sich die Tabelle verlängert hat, auf eine andere Offsetadresse. Wie Sie anhand der Tabelle erkennen können, wird die Tabelle von Version zu Version ständig vergrößert, ohne aber dabei die Kompatibilität zu den älteren Versionen zu verlieren.

Zwei Längenangaben in der Tabelle sind noch erklärungsbedürftig:

Wort und *Doppelwort*. Bei derartigen Werten muß der Hauptspeicherinhalt immer umgerechnet werden. Ein *Wort* besteht aus 2 Byte, ein *Doppelwort* aus 4 Byte. Diese Werte werden immer byteweise von rückwärts gelesen.

Beispiele:

00 02	Wort	0200h
00 01	Wort	0100h
20 00 00 00	Doppelwort	00000020h
E0 6F 03 00	Doppelwort	00036FE0h

Wir wollen jetzt den Bootsektor unserer Diskette anhand der Tabelle entschlüsseln:

Adresse	Parameter	Dump	Hex-Wert	Dez-Wert
0003h	Hersteller bzw. DOS-Versionsnummer	IBM 4.0		
000Bh	Anzahl Byte pro Sektor	00 02	0200	512
000Dh	Anzahl Sektoren pro Cluster	01	01	1
000Eh	Anzahl reservierter Sektoren (Bootsektor)	01 00	0001	1
0010h	Anzahl der FATs	02	02	2
0011h	Max. Anzahl Hauptverzeichniseinträge	E0 00	00E0	224
0013h	Anzahl der Sektoren	40 0B	0B40	2880
0015h	Media Descriptor Byte	F0	F0	
0016h	Sektoren pro FAT	09 00	0009	9
0018h	Sektoren pro Spur	12 00	0012	18
001Ah	Anzahl Schreib-/Leseköpfe	02 00	0002	2
001Ch	Anzahl der versteckten/res. Sektoren	00 00 00 00	00000000	0
0020h	Gesamtzahl Sektoren (nur bei mehr als 32 Mbyte)	00 00 00 00	00000000	0
0024h	Physikalische Laufwerksnummer	00	00	0
0025h	Reserviert			
0026h	Kennzeichen für erweiterten Bootsektor	29		
0027h	Datenträgernummer	D0 14 16 38	3816:14D0	
002Bh	Datenträgername	DOS 4		
0036h	Reserviert	FAT12		
003Eh	Anfang der Bootroutine bzw. des Startprogramms zum Laden von DOS			

Aufgrund der Tabelle und vorstehendem Beispiel sollten Sie kein Problem damit haben, die Daten jeder beliebigen DOS-Diskette oder -Festplatte festzustellen. Anhand der so aufbereiteten Informationen können Sie weitere Werte errechnen:

Bootsektor	1	Sektor
Erste FAT	9	Sektoren
Zweite FAT (Kopie)	9	Sektoren
Hauptverzeichnis (Root-Directory) 224 Einträge je 32 Byte / 512	14	Sektoren
Summe	33	Sektoren je 512 Byte
Gesamtzahl der Sektoren	2.880	Sektoren je 512 Byte
- belegte Sektoren	33	Sektoren

Die Bearbeitung/Modifikation von Dateien und Programmen

Freier Speicherplatz	2.847	Sektoren
Freie Cluster (je 1 Sektoren)	2.847	Cluster je 512 Byte
Diskettengesamtkapazität (2880*512)	1.474.560 1.440 1,40	Byte Kbyte Mbyte
Freie Diskettenkapazität (2847*512)	1.457.664 1.423,5 1,39	Byte Kbyte Mbyte

Sie können anhand der vorstehenden Werte ersehen, daß es sich um eine *3,5-Zoll-Diskette mit 1,44 Mbyte* handelt. Dabei fällt auf, daß die »echte« Kapazität nur 1,4 Mbyte sind. Hier, wie auch bei vielen anderen *Werten zu Speichergrößen*, nehmen es die Hersteller nicht immer ganz genau. Oft wird nur bei der Byte- oder Kbyte-Angabe lediglich das Komma verschoben. Dies ist auch hier erkennbar. Man hat lediglich das Komma bei der Kbyte-Kapazitätsangabe um 3 Stellen nach links verschoben, was 1,44 ergibt.

Überprüfen wir zum Abschluß unserer Berechnungen die Werte, indem wir CHKDSK zu Hilfe nehmen:

```
C:\>chkdsk a:
Datenträger DOS 4       erstellt 15.12.1989 13.15
Datenträgernummer: 3816-14D0

   1457664 Byte Gesamtspeicherbereich
     69632 Byte in 3 geschützten Datei(en)
      2560 Byte in 1 Verzeichnis(sen)
   1322496 Byte in 82 Benutzerdatei(en)
     62976 Byte auf Diskette/Platte verfügbar

       512 Byte in jeder Zuordnungseinheit
      2847 Zuordnungseinheiten auf Diskette/Festplatte insgesamt
       123 Zuordungseinheiten auf Diskette/Festplatte verfügbar
```

Ab DOS 4.0 zeigt dieses Programm auch die Daten zu den Zuordnungseinheiten (Cluster) an. Vergleichen Sie unsere errechneten Werte mit denen, die von CHKDSK angezeigt werden, ist eine Gleichheit festzustellen. Gleichzeitig können Sie erkennen, daß die Angaben von CHKDSK immer von den Werten *ohne Bootsektor, FAT und Hauptverzeichnis* erfolgen.

In Einzelfällen kann es bei der Anzeige mit CHKDSK zu den von Ihnen errechneten Werten bei Festplatten zu einer kleinen Differenz kommen. Dies liegt daran, daß in diesem Fall mehrere Sektoren einen Cluster bilden und sich aus der Division der Gesamtanzahl der Sektoren mit der Anzahl der Sektoren pro Cluster ein Rest ergibt. Dieser kleine Rest von Sektoren ist gleichzeitig auch die Differenz.

An der Offsetadresse 15h befindet sich im Bootsektor das Formatkennzeichen (MDB bzw. Media Descriptor Byte). Hier eine Übersicht zu den Kennzeichen:

MDB	Medium	Seiten	Spuren	Sektoren	Kapazität	ab DOS
F0	Diskette (3,5 Zoll)	2	80	18	1,44 Mbyte	3.3
F8	Festplatte					2.0
F9	Diskette (5,25 Zoll)	2	80	15	1,2 Mbyte	3.0
F9	Diskette (3,5 Zoll)	2	80	9	720 Kbyte	3.2
FC	Diskette (5,25 Zoll)	1	40	9	180 Kbyte	2.0
FD	Diskette (5,25 Zoll)	2	40	9	360 Kbyte	2.0
FD	Diskette (8 Zoll)	1				2.0
FE	Diskette (5,25 Zoll)	1	40	8	160 Kbyte	1.0
FE	Diskette (8 Zoll)	1				1.0
FE	Diskette (8 Zoll)	2				1.0
FF	Diskette (5,25 Zoll)	2	40	8	320 Kbyte	1.1

Wie Sie sehen, ist anhand des Kennzeichens nicht eindeutig feststellbar, um welches Speichermedium es sich handelt. Ab DOS-Version 2.0 ist es auch nicht mehr unbedingt gültig.

Zum Abschluß möchte ich Ihnen jetzt noch anhand von zwei weiteren Beispielen die Daten im Bootsektor zu zwei Disketten für die DOS-Versionen 2.0 und 3.3 vorstellen.

Beispiel 1 zu DOS-Version 2.0:

```
C>debug
-l 0 0 0 1
-d 0 130
22B1:0000  EB 2C 90 49 42 4D 20 20-32 2E 30 00 02 02 01 00   ...IBM  2.0....
22B1:0010  02 70 00 D0 02 FD 02 00-09 00 02 00 00 00 00 00   .p..............
22B1:0020  0A DF 02 25 02 09 2A FF-50 F6 00 02 CD 19 FA 33   ...%..*.P......3
```

Die Bearbeitung/Modifikation von Dateien und Programmen 109

Adresse	Parameter	Dump	Hex-Wert	Dez-Wert
0003h	Hersteller bzw. DOS-Versionsnummer	IBM 2.0		
000Bh	Anzahl Byte pro Sektor	00 02	0200	512
000Dh	Anzahl Sektoren pro Cluster	02	02	2
000Eh	Anzahl reservierter Sektoren (Bootsektor)	01 00	0001	1
0010h	Anzahl der FATs	02	02	2
0011h	Max. Anzahl Hauptverzeichniseinträge	70 00	0070	112
0013h	Anzahl der Sektoren	D0 02	02D0	720
0015h	Media Descriptor Byte	FD	FD	
0016h	Sektoren pro FAT	02 00	0002	2
0018h	Sektoren pro Spur	09 00	0009	9
001Ah	Anzahl Schreib-/Leseköpfe	02 00	0002	2
001Ch	Anzahl der versteckten/res. Sektoren	00 00	0000	0

Bei diesem Beispiel handelt es sich um eine 5,25-Zoll-Diskette mit 360 Kbyte Kapazität.

Beispiel 2 zu DOS-Version 3.3:

```
C>debug
-l 0 0 0 1
-d 0 130
22B1:0000  EB 34 90 49 42 4D 20 20-33 2E 33 00 02 02 01 00   .4.IBM  3.3.....
22B1:0010  02 70 00 D0 02 FD 02 00-09 00 02 00 00 00 00 00   .p..............
22B1:0020  00 00 00 00 00 00 00 00-00 00 00 00 00 00 00 12   ................
```

Adresse	Parameter	Dump	Hex-Wert	Dez-Wert
0003h	Hersteller bzw. DOS-Versionsnummer	IBM 3.3		
000Bh	Anzahl Byte pro Sektor	00 02	0200	512
000Dh	Anzahl Sektoren pro Cluster	02	02	2
000Eh	Anzahl reservierter Sektoren (Bootsektor)	01 00	0001	1
0010h	Anzahl der FATs	02	02	2
0011h	Max. Anzahl Hauptverzeichniseinträge	70 00	0070	112
0013h	Anzahl der Sektoren	D0 02	02D0	720
0015h	Media Descriptor Byte	FD	FD	
0016h	Sektoren pro FAT	02 00	0002	2
0018h	Sektoren pro Spur	09 00	0009	9
001Ah	Anzahl Schreib-/Leseköpfe	02 00	0002	2
001Ch	Anzahl der versteckten/res. Sektoren	00 00	0000	0

Bei diesem Beispiel handelt es sich um eine 5,25-Zoll-Diskette mit 360 Kbyte Kapazität, die mit DOS 3.3 formatiert wurde.

Am Ende des Bootsektors befinden sich noch zwei ganz wichtige Informationen. Hier ein Beispiel für den Bootsektor von DOS 4.0:

Offsetadresse 0095h	Keine/fehlerhafte Systemdiskette Austauschen und eine Taste betätigen
Offsetadresse 01DEh	IBMBIO COM
Offsetadresse 01E9h	IBMDOS COM

Im ersten Fall handelt es sich um den Text, der beim Startvorgang angezeigt wird, wenn Sie versuchen, von einer Diskette oder Festplatte zu booten, die kein Betriebssystem enthält. Da sich zumindest der Bootsektor auf der Diskette oder Festplatte befindet, kann dieser Text am Bildschirm angezeigt werden.

Die beiden anderen Informationen stellen die Dateinamen der beiden Systemdateien dar. Bei MS-DOS sind dies IO.SYS statt IBMBIO.COM und MSDOS.SYS statt IBMDOS.COM. Mit diesen Informationen ausgerüstet, kann das kleine Startprogramm im Bootsektor die beiden Systemdateien zu DOS auf der Diskette finden.

Bevor wir jetzt damit beginnen, einen Bootsektor mit DEBUG zu verändern, sollten Sie eine neue Diskette formatieren (vergeben Sie als Namen für die Diskette die Bezeichnung DEBUG), mit der wir die Modifikation durchführen:

`C:\>format a:`

Als nächstes rufen Sie bitte DEBUG auf und laden den Bootsektor der neu formatierten Diskette in den Hauptspeicher:

```
C:\>debug
-l cs:0 0 1
```

Was dürfen wir verändern, ohne daß es anschließend Schwierigkeiten gibt?

1. Eine Veränderung des Herstellernamens bzw. der DOS-Versionsnummer an Offset 3h sollte niemals Probleme bereiten

2. Alle weiteren Angaben sollten Sie niemals ändern, da sonst die Formatierung der Diskette oder Festplatte nicht mehr mit den Angaben im Bootsektor übereinstimmt

3. Davon ausgenommen sind ab DOS 4.0 die Datenträgernummer und der Datenträgername

4. Der Text an Offsetadresse 95h zur Systemdiskette kann geändert werden

5. Die Namen der beiden Systemdateien dürfen Sie ebenfalls ändern - zusätzlich müssen aber auch die beiden Dateinamens-Einträge im Hauptverzeichnis geändert werden

Die Bearbeitung/Modifikation von Dateien und Programmen 111

Im folgenden Beispiel bildet die DOS-Version 4.0 die Grundlage. Nach dem Laden des Bootsektors wollen wir diesen uns als erstes anzeigen lassen:

```
-d cs:0 1ff
2A49:0000  EB 3C 90 49 42 4D 20 20-34 2E 30 00 02 01 01 00   .<.IBM  4.0.....
2A49:0010  02 E0 00 40 0B F0 09 00-12 00 02 00 00 00 00 00   ...@............
2A49:0020  00 00 00 00 00 00 29 CE-13 19 0B 44 45 42 55 47   ......)....DEBUG
2A49:0030  20 20 20 20 20 20 46 41-54 31 32 20 20 20 FA 33         FAT12   .3
2A49:0040  C0 8E D0 BC 00 7C 16 07-BB 78 00 36 C5 37 1E 56   .....|...x.6.7.V
2A49:0050  16 53 BF 3E 7C B9 0B 00-FC F3 A4 06 1F C6 45 FE   .S.>|.........E.
2A49:0060  0F 8B 0E 18 7C 88 4D F9-89 47 02 C7 07 3E 7C FB   ....|.M..G...>|.
2A49:0070  CD 13 72 7C 33 C0 39 06-13 7C 74 08 8B 0E 13 7C   ..r|3.9..|t....|
2A49:0080  89 0E 20 7C A0 10 7C F7-26 16 7C 03 06 1C 7C 13   .. |..|.&.|...|.
2A49:0090  16 1E 7C 03 06 0E 7C 83-D2 00 A3 50 7C 89 16 52   ..|...|....P|..R
2A49:00A0  7C A3 49 7C 89 16 4B 7C-B8 20 00 F7 26 11 7C 8B   |.I|..K|. ..&.|.
2A49:00B0  1E 0B 7C 03 C3 48 F7 F3-01 06 49 7C 83 16 4B 7C   ..|..H....I|..K|
2A49:00C0  00 BB 00 05 8B 16 52 7C-A1 50 7C E8 87 00 72 20   ......R|.P|...r 
2A49:00D0  B0 01 E8 A1 00 72 19 8B-FB B9 0B 00 BE DE 7D F3   .....r........}.
2A49:00E0  A6 75 0D 8D 7F 20 BE E9-7D B9 0B 00 F3 A6 74 18   .u... ..}.....t.
2A49:00F0  BE 93 7D E8 51 00 32 E4-CD 16 5E 1F 8F 04 8F 44   ..}.Q.2...^....D
2A49:0100  02 CD 19 58 58 58 EB E8-BB 00 07 B9 03 00 A1 49   ...XXX.........I
2A49:0110  7C 8B 16 4B 7C 50 52 51-E8 3A 00 72 E6 B0 01 E8   |..K|PRQ.:.r....
2A49:0120  54 00 59 5A 58 72 C9 05-01 00 83 D2 00 03 1E 0B   T.YZXr..........
2A49:0130  7C E2 E2 8A 2E 15 7C 8A-16 24 7C 8B 1E 49 7C A1   |.....|..$|..I|.
2A49:0140  4B 7C EA 00 00 70 00 AC-0A C0 74 29 B4 0E BB 07   K|...p....t)....
2A49:0150  00 CD 10 EB F2 3B 16 18-7C 73 19 F7 36 18 7C FE   .....;..|s..6.|.
2A49:0160  C2 88 16 4F 7C 33 D2 F7-36 1A 7C 88 16 25 7C A3   ...O|3..6.|..%|.
2A49:0170  4D 7C F8 C3 F9 C3 B4 02-8B 16 4D 7C B1 06 D2 E6   M|........M|....
2A49:0180  0A 36 4F 7C 8B CA 86 E9-8A 16 24 7C 8A 36 25 7C   .6O|......$|.6%|
2A49:0190  CD 13 C3 0D 0A 4B 65 69-6E 65 2F 66 65 68 6C 65   .....Keine/fehle
2A49:01A0  72 68 61 66 74 65 20 53-79 73 74 65 6D 64 69 73   rhafte Systemdis
2A49:01B0  6B 65 74 74 65 0D 0A 41-75 73 74 61 75 73 63 68   kette..Austausch
2A49:01C0  65 6E 20 75 6E 64 20 65-69 6E 65 20 54 61 73 74   en und eine Tast
2A49:01D0  65 20 62 65 74 84 74 69-67 65 6E 0D 0A 00 49 42   e bet.tigen...IB
2A49:01E0  4D 42 49 4F 20 20 43 4F-4D 49 42 4D 44 4F 53 20   MBIO  COMIBMDOS
2A49:01F0  20 20 43 4F 4D 00 00 00-00 00 00 00 00 00 55 AA      COM.........U.
```

Als Ergänzung können Sie sich zusätzlich noch den »Sprungbefehl« am Anfang des Bootsektors anzeigen lassen:

```
-u cs:0
 13
2A49:0000 EB3C            JMP    003E
2A49:0002 90              NOP
```

Als erstes modifizieren wir den Text

```
Keine/fehlerhafte Systemdiskette
Austauschen und eine Taste betätigen
```

Bevor Sie den Text durch einen neuen überschreiben, müssen Sie die maximale Länge errechnen. Den neuen Text können wir bereits ab der Offsetadresse 193h eingeben, da sich lediglich die Steuerzeichen für eine Leerzeile am Anfang befinden. Da die Eingaben zu lang sind, müssen wir hierzu zwei »E«-Befehle verwenden.

```
-e cs:193 'Diskette ohne Betriebssystem' 0d 0a 'Bei Startbereitschaft - Return'
-d cs:190
 1df
2A49:0190     CD 13 C3 44 69 73 6B 65-74 74 65 20 6F 68 6E 65    ...Diskette ohne
2A49:01A0     20 42 65 74 72 69 65 62-73 73 79 73 74 65 6D 0D    Betriebssystem.
2A49:01B0     0A 42 65 69 20 53 74 61-72 74 62 65 72 65 69 74    .Bei Startbereit
2A49:01C0     73 63 68 61 66 74 20 2D-20 52 65 74 75 72 6E 74    schaft - Returnt
2A49:01D0     65 20 62 65 74 84 74 69-67 65 6E 0D 0A 00 42 49    e bet.tigen...BI
-e cs:1cf ' drücken...' 0d 0a
```

Sehen wir uns nun den fertig geänderten Text im Hauptspeicher an, um zu prüfen, ob alles richtig ist:

```
-d cs:190
2A49:0190     CD 13 C3 44 69 73 6B 65-74 74 65 20 6F 68 6E 65    ...Diskette ohne
2A49:01A0     20 42 65 74 72 69 65 62-73 73 79 73 74 65 6D 0D    Betriebssystem.
2A49:01B0     0A 42 65 69 20 53 74 61-72 74 62 65 72 65 69 74    .Bei Startbereit
2A49:01C0     73 63 68 61 66 74 20 2D-20 52 65 74 75 72 6E 20    schaft - Return
2A49:01D0     64 72 81 63 6B 65 6E 2E-2E 2E 0D 0A 0A 00 42 49    dr.cken.......BI
2A49:01E0     4F 53 20 20 20 20 43 4F-4D 50 43 44 4F 53 20 20    OS     COMPCDOS
2A49:01F0     20 43 4F 4D 00 00 00 00-00 00 00 00 00 00 55 AA     COM..........U.
2A49:0200     E8 2C 09 74 24 51 B1 02-91 8B DE E8 4F 03 59 0B    .,.t$Q......O.Y.
```

Jetzt müssen wir die Änderung nur noch auf die Diskette zurückspeichern:

```
-w cs:0 0 0 1
```

Beenden Sie DEBUG, lassen Sie die Diskette im Laufwerk A: und starten Sie den Computer mit [Strg]+[Alt]+[Entf] neu. Nach kurzer Zeit erscheint die Meldung

```
Diskette ohne Betriebssystem
Bei Startbereitschaft - Return drücken...
```

Der Cursor steht zwei Zeilen darunter am linken Bildschirmrand. Dies liegt daran, daß sich am Textende die Zeichen 0D0A0Ah befinden. Auch auf diese Zeichen können Sie bei Bedarf verzichten. In diesem Fall würde der Cursor direkt neben dem Meldungstext am Bildschirm stehen.

Entfernen Sie die Diskette aus dem Laufwerk und starten Sie DOS neu. Anschließend formatieren Sie bitte die Diskette erneut, aber mit dem zusätzlichen Parameter /S, damit auch die Systemdateien und COMMAND.COM übertragen werden.

Wiederholen Sie bei Bedarf die Änderung des Textes wie bereits beschrieben mit der neu formatierten Diskette. Zusätzlich wollen wir jetzt noch die Namen der Systemdateien im Bootsektor ändern. Vergessen Sie nicht, den Bootsektor vorher noch zu laden.

```
-e cs:1de 'BIOS    COMPCDOS    COM'
```

Die Namen der beiden Systemdateien wurden geändert:

von   IBMBIO.COM   auf   BIOS.COM
von   IBMDOS.COM   auf   PCDOS.COM

Zur Sicherheit lassen Sie sich das Ende des Bootsektors noch einmal anzeigen, ob Ihre Änderungen auch korrekt durchgeführt wurden:

```
-d cs:190 1ff
```

Jetzt müssen wir noch den ersten Sektor auf die Diskette zurückspeichern:

```
-w cs:0 0 0 1
```

Versuchen Sie doch jetzt einmal, Ihren PC von dieser neuen Diskette zu starten. Sie erhalten selbstverständlich eine Fehlermeldung bzw. werden darauf hingewiesen, daß die Diskette kein oder ein fehlerhaftes Betriebssystem enthält.

Dies ist selbstverständlich richtig. Wir haben zwar die Namen der beiden Systemdateien im Bootsektor geändert, nicht jedoch im Inhaltsverzeichnis. Geben Sie

```
C:\>chkdsk a: /v
```

ein. Damit werden Ihnen auch die Systemdateien angezeigt, die aber hier noch die alten Namen besitzen. Diese Einträge im Inhaltsverzeichnis müssen wir jetzt zusätzlich auf der Diskette noch ändern.

Dazu müssen wir errechnen, ab welchem Sektor sich das Hauptverzeichnis auf der Diskette befindet. Die Informationen hierzu finden Sie im Bootsektor.

Beispiel für eine 3,5-Zoll-Diskette mit 1,44 Mbyte:

Bootsektor	1	Sektor
Erste FAT	9	Sektoren
Zweite FAT (Kopie)	9	Sektoren
Summe	19	Sektoren
	13h	Sektoren

Die Umrechnung können Sie mit Hilfe der Tabelle im Anhang III vornehmen. Das Hauptverzeichnis beginnt demnach im Sektor 14 auf der Diskette und hat eine Länge von 14 Sektoren. Da die Sektornumerierung mit 0 beginnt, ist die Nummer des ersten Sektors 13h.

```
C:\>debug
-l cs:0 0 13 e
```

Mit Hilfe des »L«-Befehls haben wir das gesamte Hauptverzeichnis in den Speicher geladen. Sehen wir uns als nächstes den Anfang des Inhaltsverzeichnisses an:

```
-d cs:0
2A49:0000  49 42 4D 42 49 4F 20 20-43 4F 4D 27 00 00 00 00   IBMBIO  COM'....
2A49:0010  00 00 00 00 00 00 00 40-1D 11 02 00 95 80 00 00   .......@........
2A49:0020  49 42 4D 44 4F 53 20 20-43 4F 4D 27 00 00 00 00   IBMDOS  COM'....
2A49:0030  00 00 00 00 00 00 00 40-1D 11 43 00 A0 8C 00 00   .......@..C.....
2A49:0040  43 4F 4D 4D 41 4E 44 20-43 4F 4D 20 00 00 00 00   COMMAND COM ....
2A49:0050  00 00 00 00 00 00 00 40-1D 11 8A 00 7B 96 00 00   .......@....{...
2A49:0060  44 45 42 55 47 20 20 20-20 20 28 00 00 00 00 00   DEBUG    (.....
2A49:0070  00 00 00 00 00 00 22 71-92 14 00 00 00 00 00 00   ......"q........
```

Verzeichniseinträge haben eine Länge von 32 Byte. Deshalb hat jeder Eintrag auch eine Länge von 2 Zeilen am Bildschirm bei der Anzeige mit DEBUG. Wir müssen jetzt nur die beiden Einträge an den Offsetadressen 0h und 20h ändern:

```
-e cs:0 'BIOS    '
-e cs:20 'PCDOS   '
```

Die Bearbeitung/Modifikation von Dateien und Programmen

Vergessen Sie nicht, am Ende der Namensbezeichnung noch zwei bzw. ein Leerzeichen anzufügen, da sonst die alten Namen nicht vollständig überschrieben werden. Sehen wir uns unsere Änderung an:

```
-d cs:0
2A49:0000  42 49 4F 53 20 20 20 20-43 4F 4D 27 00 00 00 00   BIOS    COM'....
2A49:0010  00 00 00 00 00 00 00 40-1D 11 02 00 95 80 00 00   .......@........
2A49:0020  50 43 44 4F 53 20 20 20-43 4F 4D 27 00 00 00 00   PCDOS   COM'....
2A49:0030  00 00 00 00 00 00 00 40-1D 11 43 00 A0 8C 00 00   .......@..C.....
2A49:0040  43 4F 4D 4D 41 4E 44 20-43 4F 4D 20 00 00 00 00   COMMAND COM ....
2A49:0050  00 00 00 00 00 00 00 40-1D 11 8A 00 7B 96 00 00   .......@....{...
2A49:0060  44 45 42 55 47 20 20 20-20 20 28 00 00 00 00 00   DEBUG     (.....
2A49:0070  00 00 00 00 00 00 22 71-92 14 00 00 00 00 00 00   ......"q........
```

Sie sehen, Ihre Änderung wurde korrekt ausgeführt. Ab der Offsetadresse 60h finden Sie in unserem Beispiel auch den Datenträgernamen »DEBUG«, der sich ab DOS 4.0 zusätzlich auch im Bootsektor an der Offsetadresse 2Bh befindet.

Jetzt muß das Hauptverzeichnis mit der Änderung wieder auf die Diskette zurückgespeichert werden:

```
-w cs:0 0 13 e
```

Damit ist die Änderung abgeschlossen.

> **Wichtige Anmerkung:**
>
> Leider gibt es eine Reihe von Programmen, die direkt in das System eingreifen. Daher kann es in Einzelfällen vorkommen, daß eine Änderung der Systemdateinamen Schwierigkeiten bereitet.
>
> In der Form, wie ich Ihnen hier die Änderung des Bootsektors und des Hauptverzeichnisses beschrieben habe, können Sie selbstverständlich auch beliebige andere Sektoren auf einer Diskette oder Festplatte manipulieren. Vergessen Sie aber niemals, vorher eine Datensicherung durchzuführen. Gehen Sie vor allem bei Änderungen auf einer Festplatte mit sehr viel Vorsicht vor, damit nicht Bereiche geändert werden, die zum Ausfall führen und eine Neuformatierung erforderlich machen!

6.4 Eine gelöschte Datei wieder »sichtbar« machen

Die Überschrift verspricht viel und dieser Abschnitt versucht diesen Anspruch auch einzuhalten. Leider ist aber gerade diese Tätigkeit alles andere als einfach und nicht immer mit Erfolg gekrönt. Bevor ich Ihnen anhand eines Beispiels den Vorgang näher beschreibe, benötigen wir eine Reihe von grundlegenden Informationen. Diese können Sie später auch für weitere Modifikationen benutzen, da die Beschreibung weitere wichtige Details enthält, die über das hier benötigte hinausgehen.

Bevor Sie hier weiterlesen, sollten Sie unbedingt den Abschnitt 6.3 durcharbeiten, wenn Sie dies noch nicht getan haben. Zusätzlich benötigen wir für unsere Arbeit zum »sichtbar machen« noch eine detaillierte Beschreibung zur FAT, dem Aufbau von Inhaltsverzeichnissen und der Dateiverwaltung von DOS allgemein.

6.4.1 Die DOS-Inhaltsverzeichnisse

Wo sich auf einer Diskette oder Festplatte das Hauptverzeichnis befindet, habe ich Ihnen bereits im Abschnitt 6.3 beschrieben. Daneben gibt es aber auch noch Unterverzeichnisse. Diese sind für DOS letztendlich nichts anderes als spezielle Dateien und werden wie solche auf einem Datenträger gespeichert. Der Unterschied zum Hauptverzeichnis besteht lediglich darin, daß Unterverzeichnisse beliebig viele Einträge enthalten können.

Jeder Eintrag in einem Inhaltsverzeichnis hat eine Länge von 32 Byte. Es gibt darin Einträge für Programm- und Datendateien, dem Datenträgernamen und Unterverzeichnissen.

Jeder Eintrag hat folgenden Aufbau:

Offset	Inhalt	Länge	
00h	Dateiname	8	ASCII
08h	Namenserweiterung	3	ASCII
0Bh	Attributbyte	1	Bit-Codiert
0Ch	Reserviert	10	
16h	Uhrzeit	2	Wort (codiert)
18h	Datum	2	Wort (codiert)
1Ah	Nummer des ersten Cluster	2	Wort
1Ch	Dateigröße	4	

Die Bearbeitung/Modifikation von Dateien und Programmen 117

Der *Dateiname* und die *Namenserweiterung* sind lesbar. Im Gegensatz zur Bildschirmanzeige befindet sich kein Punkt zwischen den beiden Namensangaben. Kürzere Namen werden mit Leerzeichen auf die volle Länge von acht bzw. drei Zeichen aufgefüllt.

Das erste Zeichen im Dateinamen hat eine besondere Bedeutung:

00h	Der Eintrag wurde nie benutzt und markiert normalerweise das Ende bei der Suche im Inhaltsverzeichnis.
05h	Ersatzzeichen für den ersten Buchstaben im Dateinamen, wenn dies E5h ist (griechisch Sigma).
2Eh	».« stellt als Eintrag ein Unterverzeichnis dar. Folgt dem Punkt ein zweiter Punkt, bezieht sich der Eintrag auf das übergeordnete Verzeichnis. Ist der Cluster-Eintrag 0000h, handelt es sich bei dem übergeordneten Verzeichnis um das Hauptverzeichnis.
E5h	Die Datei ist gelöscht.

Das *Attributbyte* ist Bit-Codiert und hat folgende Bedeutung:

Bit 76543210	Hex	Dez	Bedeutung
00000001	01	1	»Nur-Lesen« bzw. »Read-Only« Die Datei kann nur gelesen, nicht jedoch gelöscht oder geändert werden, da sonst eine Fehlermeldung angezeigt wird.
00000010	02	2	»Versteckt« bzw. »Hidden« Eine Datei mit diesem Attribut wird mit dem DOS-Befehl DIR nicht angezeigt. Derartige Dateien werden häufig auch von Programmen nicht gefunden.
00000100	04	4	»System« Die Datei ist eine Systemdatei.
00001000	08	8	»Datenträgername« bzw. »Volume-Label« Dieser Eintrag kann nur im Hauptverzeichnis vorhanden sein.
00010000	10	16	»Unterverzeichnis« bzw. »Sub-Directory«
00100000	20	32	»Archiv«
01000000	40	64	unbenutzt
10000000	80	128	unbenutzt

Für das Umrechnen des Attributbyte, der Uhrzeit und des Datums benötigen Sie die *Bitwertigkeiten*:

01h	01	00000001
02h	02	00000010
04h	04	00000100
08h	08	00001000
10h	16	00010000
20h	32	00100000
40h	64	01000000
80h	128	10000000

Sind mehrere Bit gleichzeitig gesetzt, ergibt sich der hexadezimale bzw. dezimale Wert aus der Summe der einzelnen Bitwertigkeiten. Umgekehrt subtrahiert man von einer dezimalen oder hexadezimalen Zahl immer den größten Wert und merkt das erste Bit vor. Zum Rest sucht man die nächsthöhere Bitwertigkeit und merkt das gefundene Bit vor. Der Vorgang wird so lange fortgesetzt, bis es keinen Rest mehr gibt.

Die *Uhrzeit* der letzten Änderung bzw. Neuanlage einer Datei ist zwei Byte bzw. ein Wort lang. Deshalb müssen die beiden Byte als erstes umgedreht werden.

17h	16h (Offset)
76543 210	765 43210
--h-- --m---	--s--

Die Sekunden werden immer nur in Zweierschritten gespeichert. Deshalb muß das Ergebnis immer noch mit 2 multipliziert werden.

Beispiel:

1672	Eintrag im Verzeichnis (Wort)
7216	Umgekehrter Wert
7	Binär 0111
2	Binär 0010
1	Binär 0001
6	Binär 0110

Stunde		0	1	1	1	0	14 Uhr
Minute	0	1	0	0	0	0	16 Minuten
Sekunde			1	0	1	1	0	$22*2=44$ Sekunden
	32	16	8	4	2	1	Bit-Wertigkeit

Das *Datum* der letzten Änderung bzw. Neuanlage ist wie die Uhrzeit in einem »Wort« untergebracht:

19h	18h (Offset)
7654321 0	765 43210
--j-- --m	-- --t--

Zum Ergebnis für das Jahr addieren Sie 1980, das dadurch gleichzeitig die kleinste Jahreszahl sein kann.

Die *Nummer des ersten Cluster* benötigen wir später noch. Sie ist die Adresse zum Anfang der Datei auf dem Datenträger und gleichzeitig auch ein »Zeiger« auf die FAT.

Der Eintrag für die *Dateigröße* hat die Länge eines Doppelwortes und muß daher byteweise von hinten gelesen werden. Eine Umrechnungstabelle für bis zu zwei Byte lange hexadezimale Werte finden Sie im Anhang III.

6.4.2 Die Dateizuordnungstabelle (FAT)

Diese Tabelle, von der normalerweise immer zwei identische Kopien gespeichert sind, befindet sich ab dem zweiten Sektor auf dem Datenträger. Sie ist das wichtigste Element für die Dateiverwaltung von DOS. Jeder Cluster auf der Diskette bzw. Festplatte hat in der FAT einen eigenen Eintrag.

Die Adressierung der Cluster beginnt im Gegensatz zur Sektornumerierung immer erst hinter dem Hauptverzeichnis. Was die Arbeit etwas erschwert ist die Tatsache, daß es zwei verschiedene Eintragsgrößen zur FAT gibt, entweder 12- oder 16-Bit-Einträge. Dies hängt von der Anzahl der Cluster auf dem Datenträger ab. Grundsätzlich werden ab 4.079 Cluster (16 Mbyte) 16-Bit-Einträge verwendet. In der Praxis bedeutet dies, daß Disketten eine 12-Bit-FAT und Festplatten meist eine 16-Bit-FAT besitzen.

Die ersten beiden Einträge (0 und 1) beziehen sich nicht auf einen Cluster. Das erste Byte ist mit dem Formatkennzeichen im Bootsektor identisch (MDB - Media Descriptor Byte). Der Rest der beiden Einträge sind Fh.

Beispiel:

| 12-Bit-FAT | F0 FF FF |
| 16-Bit-FAT | F8 FF FF FF |

Der dritte Eintrag gehört immer zum ersten Cluster nach dem Hauptverzeichnis. Die physikalische Adresse kann das Betriebssystem aufgrund der Einträge im Bootsektor errechnen (siehe Abschnitt 6.3). Im Bootsektor befindet sich auch die Information, aus wievielen Sektoren ein Cluster besteht.

Ein FAT-Eintrag kann folgende Werte enthalten:

12-Bit-FAT	16-Bit-FAT	Bedeutung
000h	0000h	Freier Cluster
FF0h-FF6h	FFF0h-FFF6h	Reservierter Cluster
FF7h	FFF7h	Schadhafter Cluster
FF8h-FFFh	FFF8h-FFFFh	Letzter Cluster einer Datei
Alle anderen Werte		Nummer des nächsten Clusters zu einer Datei

Löschen Sie eine Datei zum Beispiel mit dem DOS-Befehl DEL, werden in der FAT alle dazugehörigen Einträge auf 0h gesetzt. Im Inhaltsverzeichnis selbst wird nur das erste Byte zum Dateieintrag verändert (Abschnitt 6.4.1).

Aufgrund eines Cluster-Eintrags in der FAT kann sehr einfach die physikalische Adresse auf dem Datenträger festgestellt werden. Der erste Cluster (Clusternummer 2h) nach dem Hauptverzeichnis gehört zum dritten Eintrag in der FAT, der zweite Cluster (Clusternummer 3h) zum vierten Eintrag usw. Sie müssen lediglich ein wenig rechnen:

> Clusternummer - 2 * Sektoren pro Cluster

Die Nummer des ersten Cluster im Inhaltsverzeichnis zu einer Datei oder einem Unterverzeichnis zeigt damit zum einen auf den Datenanfang und zum zweiten auf einen Clustereintrag in der FAT. Der Eintrag in der FAT enthält bei einer Datei, deren Kapazität größer als ein Cluster ist, die Nummer des nächsten Clusters, in dem die weiteren Daten gespeichert sind.

Durch diese Methode der *Dateiverwaltung* ist eine optimale Platzausnutzung auf Datenträgern möglich. Der Nachteil liegt in der gestreuten Speicherung, die durch häufiges Löschen und wechselnde Dateigrößen zu einer erheblichen Fragmentierung führen kann. Dadurch vermindert sich die Verarbeitungsgeschwindigkeit Ihres Computers spürbar. Da dies unvermeidbar ist, sollten Sie ein Programm zu Defragmentierung (z.B. PC Tools Deluxe, Norton Utilities, FastTrax) benutzen, das die einzelnen Cluster von Dateien wieder zusammenfügt.

Beispiel zu einer 16-Bit-FAT:

Nach dem Laden des Hauptverzeichnisses lassen wir uns dieses mit dem »D«-Befehl anzeigen und finden den Eintrag zur Datei SMARTDRV.SYS:

```
2A49:0080  53 4D 41 52 54 44 52 56-53 59 53 00 00 00 00 00   SMARTDRVSYS.....
2A49:0090  00 00 00 00 00 00 F8 80-81 13 48 00 4C 28 00 00   ..........H.L(..
```

An der Offsetadresse 1Ah bzw. 9Ah befindet sich in der Länge von einem Wort die Nummer des ersten Cluster zur Datei. Daraus ergibt sich die Clusternummer 0048h.

Als nächstes benötigen wir die FAT mit dem dazugehörigen Eintrag. Laden Sie die Tabelle, die sich ab dem zweiten Sektor auf der Festplatte befindet in den Hauptspeicher.

Um die richtige Position innerhalb der FAT zu finden, müssen wir ein wenig rechnen. Die Clusternummer 48h entspricht dem dezimalen Wert 72. Da jeder Eintrag eine Länge von 16 Bit bzw. 2 Byte hat, multiplizieren wir den Wert mit 2 und erhalten als Ergebnis 144. Da die Clusternumerierung mit 0000h beginnt, ist damit der Eintrag ab dem 145ten Byte der erste Clustereintrag in der FAT zur Datei.

Haben Sie die FAT ab der Offsetadresse 0h in den Speicher geladen, befindet sich der Eintrag an der Offsetadresse 0090h. Diesen lassen wir uns jetzt anzeigen:

```
-d 90
2A49:0090  49 00 4A 00 4B 00 4C 00-4D 00 FF FF 4F 00 50 00   I.J.K.L.M...O.P.
```

Sie können bereits auf den ersten Blick erkennen, daß die einzelnen Cluster mit den Daten zur Datei zusammenhängend sind:

Cluster	Inhalt
0048h	0049h
0049h	004Ah
004Ah	004Bh
004Bh	004Ch
004Ch	004Dh
004Dh	FFFFh

Der Eintrag zum Cluster 4Dh enthält FFFFh. Diese Information bedeutet, daß es sich um den letzten Cluster zur Datei handelt. SMARTDRV.SYS hat damit eine Länge von sechs Cluster.

Machen wir die Probe. Aus dem Bootsektor entnehmen wir, daß jeder Cluster aus vier Sektoren je 512 Byte besteht. Als Dateilänge ist im Inhaltsverzeichnis die Information 4C280000h gespeichert. Mit Hilfe der Umrechnungstabelle in Anhang III können Sie den dezimalen Wert errechnen:

4	8.192
C	2.048
2	64
8	12
Summe	10.316

Teilen Sie diesen Wert durch die Clusterlänge von 2.048 Byte, erhalten Sie ein Ergebnis von etwas mehr als fünf Cluster.

Um die Adresse bzw. Sektornummer des ersten Cluster zu erhalten ist eine weitere Rechnung notwendig:

Bootsektor	1	Sektor
Erste FAT	220	Sektoren
Zweite FAT	220	Sektoren
Hauptverzeichnis	32	Sektoren
Offset für den ersten Cluster	280	Sektoren
Startsektor	753	(2F1h)

Für das Offset mit der Sektoranzahl verwenden wir die Formel, die ich Ihnen bereits beschrieben habe:

Clusternummer	-	2	*	Sektoren pro Cluster
72	-	2	*	4

Mit diesen Daten ausgerüstet können Sie sich jetzt den Dateianfang (einen Cluster) in den Hauptspeicher laden:

-1 cs:0 2 2f1 4

Jeder Sektor hat eine Länge von 512 Byte bzw. 200h. Sollten Sie Änderungen durchführen, achten Sie bitte beim Zurückschreiben auf die Festplatte, daß Sie immer die korrekten Adressen angeben, da sich Fehler unter Umständen fatal auswirken können!

Beispiel zu einer 12-Bit-FAT:

Die 12-Bit-FAT ist komplizierter in der Anwendung als die 16-Bit-FAT, wird aber für alle Disketten benutzt. In unserem Beispiel verwenden wir eine 3,5-Zoll-Diskette mit 1,44 Mbyte Kapazität. Beachten Sie hierzu auch die Angaben in Abschnitt 6.3.

Nach dem Laden des Hauptverzeichnisses lassen wir uns dieses mit dem »D«-Befehl anzeigen:

```
-l cs:0 0 13 e-d 0 ff2A49:0000   44 45 42 55 47 20 20 20-20 20 20 28 00 00 00
00  DEBUG      (....
2A49:0010   00 00 00 00 00 00 D5 42-93 14 00 00 00 00 00 00    ......B.........
2A49:0020   43 20 20 20 20 20 20 20-44 41 54 20 00 00 00 00    C       DAT ....
2A49:0030   00 00 00 00 00 00 7C 73-92 14 02 00 37 01 00 00    ......|s....7...
2A49:0040   43 20 20 20 20 20 20 20-44 4F 43 20 00 00 00 00    C       DOC ....
2A49:0050   00 00 00 00 00 00 88 71-89 14 03 00 50 01 00 00    .......q....P...
2A49:0060   44 41 54 45 4E 20 20 20-44 4F 43 20 00 00 00 00    DATEN   DOC ....
2A49:0070   00 00 00 00 00 00 49 46-93 14 04 00 81 0C 00 00    ......IF........
2A49:0080   44 41 54 45 4E 20 20 20-42 41 53 20 00 00 00 00    DATEN   BAS ....
2A49:0090   00 00 00 00 00 00 54 46-93 14 0B 00 98 00 00 00    ......TF........
2A49:00A0   00 00 00 00 00 00 00 00-00 00 00 00 00 00 00 00    ................
2A49:00B0   00 00 00 00 00 00 00 00-00 00 00 00 00 00 00 00    ................
2A49:00C0   00 00 00 00 00 00 00 00-00 00 00 00 00 00 00 00    ................
2A49:00D0   00 00 00 00 00 00 00 00-00 00 00 00 00 00 00 00    ................
2A49:00E0   00 00 00 00 00 00 00 00-00 00 00 00 00 00 00 00    ................
2A49:00F0   00 00 00 00 00 00 00 00-00 00 00 00 00 00 00 00    ................
```

Am Attributbyte des ersten Eintrags können Sie erkennen, daß es sich bei DEBUG um den Datenträgernamen handelt. Wir wollen uns hier aber den Eintrag zur Datei DATEN.DOC ansehen.

An der Offsetadresse 1Ah bzw. 7Ah befindet sich in der Länge von einem Wort die Nummer des ersten Cluster zur Datei. Daraus ergibt sich die Clusternummer 0004h.

Als nächstes benötigen wir die FAT mit dem dazugehörigen Eintrag. Laden Sie die Tabelle, die sich ab dem zweiten Sektor auf der Diskette befindet.

```
-1 cs:0 0 1 9-d 0
2A49:0000  F0 FF FF FF FF FF 05 60-00 07 80 00 09 A0 00 FF   ......`........
2A49:0010  FF FF 00 00 00 00 00 00-00 00 00 00 00 00 00 00   ................
2A49:0020  00 00 00 00 00 00 00 00-00 00 00 00 00 00 00 00   ................
2A49:0030  00 00 00 00 00 00 00 00-00 00 00 00 00 00 00 00   ................
2A49:0040  00 00 00 00 00 00 00 00-00 00 00 00 00 00 00 00   ................
2A49:0050  00 00 00 00 00 00 00 00-00 00 00 00 00 00 00 00   ................
2A49:0060  00 00 00 00 00 00 00 00-00 00 00 00 00 00 00 00   ................
2A49:0070  00 00 00 00 00 00 00 00-00 00 00 00 00 00 00 00   ................
```

Trotzdem wir es hier mit einer FAT zu tun haben, die nur 1,5 Byte lange Einträge besitzt, ist die Nummer des ersten Cluster einer Datei im Inhaltsverzeichnis ein Wort bzw. 2 Byte lang.

Je nachdem, ob der Datenträger eine gerade oder ungerade Anzahl von Cluster besitzt, muß die FAT unterschiedlich umgesetzt werden. Zur Erleichterung hier eine Umrechnungstabelle:

FAT-Beispiel	Positionsziffern	Clusternummern
1. gerade Clusteranzahl:		
08 90 00	23 61 45	008 009
FF 0F 00	23 61 45	FFF 000
2. ungerade Clusteranzahl:		
00 00 89	41 25 63	008 009
0F F0 0F	41 25 63	FFF 000

Zum Feststellen der Position innerhalb der FAT benutzen wir wieder eine Formel, damit es leichter geht:

Clusternummer	*	3	/	2		
4	*	3	/	2	=	6
11 (0Bh)	*	3	/	2	=	16,5

Als Beispiele habe ich hier die Nummern der ersten Cluster für die beiden Dateien DATEN.DOC und DATEN.BAS verwendet. Im ersten Fall beginnt der Eintrag bei 056000h. Wenn das Ergebnis eine ungerade Zahl ist, müssen Sie als erstes 1,5 Byte subtrahieren. Ab dem 16. Byte finden wir in der FAT FFFFFFh. Der gesuchte Eintrag ist in diesem Fall der zweite Wert, da wir 1,5 Byte subtrahiert haben.

Mit einiger Erfahrung können Sie erkennen, daß die einzelnen Cluster zu DATEN.DOC zusammenhängend sind:

Cluster	Inhalt	
4 und 5	05 60 00	005 006
6 und 7	07 80 00	007 008
8 und 9	09 A0 00	009 00A
A und B	FF FF FF	FFF FFF

Der Eintrag zum Cluster Ah enthält FFFh. Diese Information bedeutet, daß es sich um den letzten Cluster zur Datei handelt. DATEN.DOC hat damit eine Länge von sieben Cluster.

Machen wir die Probe. Aus dem Bootsektor entnehmen wir, daß jeder Cluster aus einem Sektor mit 512 Byte besteht. Als Dateilänge ist im Inhaltsverzeichnis die Information 810C0000h gespeichert. Mit Hilfe der Umrechnungstabelle in Anhang III können Sie den dezimalen Wert errechnen:

0	0
C	3.072
8	128
1	1
Summe	3.201

Teilen Sie diesen Wert durch die Clusterlänge von 512 Byte, erhalten Sie ein Ergebnis von etwas mehr als sechs Cluster.

Um die Adresse bzw. Sektornummer des ersten Cluster zu erhalten ist eine weitere Rechnung notwendig:

Bootsektor	1	Sektor
Erste FAT	9	Sektoren
Zweite FAT	9	Sektoren
Hauptverzeichnis	14	Sektoren
Offset für den ersten Cluster	2	Sektoren
Startsektor	35	(23h)

Für das Offset mit der Sektoranzahl verwenden wir die bereits bekannte Formel:

```
Clusternummer  - 2  *  Sektoren pro Cluster
4              - 2  *  1
```

Mit diesen Daten ausgerüstet können Sie sich jetzt den Dateianfang (einen Cluster) in den Hauptspeicher laden:

```
-l cs:0 0 21 1
```

Jeder Sektor hat eine Länge von 512 Byte bzw. 200h. Sollten Sie Änderungen durchführen, achten Sie bitte beim Zurückschreiben auf die Festplatte, daß Sie immer die korrekten Adressen angeben, da sich Fehler unter Umständen fatal auswirken können!

```
-l cs:0 0 23 7
-d 0
2A49:0000  44 61 74 65 6E 73 61 74-7A 20 20 20 20 31 0D 0A   Datensatz  1..
2A49:0010  44 61 74 65 6E 73 61 74-7A 20 20 20 20 32 0D 0A   Datensatz  2..
2A49:0020  44 61 74 65 6E 73 61 74-7A 20 20 20 20 33 0D 0A   Datensatz  3..
2A49:0030  44 61 74 65 6E 73 61 74-7A 20 20 20 20 34 0D 0A   Datensatz  4..
2A49:0040  44 61 74 65 6E 73 61 74-7A 20 20 20 20 35 0D 0A   Datensatz  5..
2A49:0050  44 61 74 65 6E 73 61 74-7A 20 20 20 20 36 0D 0A   Datensatz  6..
2A49:0060  44 61 74 65 6E 73 61 74-7A 20 20 20 20 37 0D 0A   Datensatz  7..
2A49:0070  44 61 74 65 6E 73 61 74-7A 20 20 20 20 38 0D 0A   Datensatz  8..
```

6.4.3 »Undelete« einer Datei

In den vorstehenden Abschnitten habe ich Ihnen die Grundlagen vermittelt, damit wir uns jetzt mit gelöschten Dateien beschäftigen können. Leider ist dies nicht sehr einfach, auch wenn Sie das auf den letzten Seiten Beschriebene voll verstanden haben. In einigen Fällen ist es sogar nicht mehr möglich eine oder mehrere gelöschte Dateien zu retten.

Um eine gelöschte Datei wieder zu retten, sollten Sie einige Dinge beachten:

a) Nach dem Löschen darf keine neue Datei gespeichert worden sein oder eine bestehende sich in der Länge verändert haben

b) Die Dateien sollten möglichst zusammenhängend (aufeinanderfolgende Cluster) gespeichert sein

Diese Punkte sind Idealvoraussetzungen. Manchmal klappt es auch, wenn diese nicht erfüllt sind.

Bevor ich Ihnen den Vorgang anhand eines Beispiels ausführlich beschreibe, müssen wir uns noch einmal kurz mit der *Dateiverwaltung* von DOS beschäftigen.

Wenn DOS eine neue Datei speichert, sucht es in der FAT nach dem ersten Clustereintrag, der nicht belegt ist bzw. 000h (0000h) enthält. Dort werden die ersten Daten abgespeichert. Reicht die Kapazität eines Clusters nicht aus, wird der Vorgang fortgesetzt und DOS sucht in der FAT den nächsten freien Cluster. Der Speichervorgang wird erst beendet, wenn alle Daten zur Datei auf dem Datenträger abgelegt sind.

Das gleiche gilt, wenn Sie eine Datei vergrößern. Reichen die für die Datei bereits belegten Cluster nicht mehr aus, wird ab dem Anfang der FAT nach einem noch nicht belegten Eintrag gesucht und dort das Speichern fortgesetzt.

Durch diese Vorgänge kann es häufig vorkommen, daß eine Datei nicht in zusammenhängenden Dateiblöcken auf einem Datenträger abgelegt ist.

Wenn Sie eine *Datei* zum Beispiel mit dem DOS-Befehl DEL *löschen*, wird das erste Zeichen des Dateinamens im Inhaltsverzeichnis geändert. Zusätzlich werden alle Einträge in der FAT, die zu dieser Datei gehören, auf 000h bzw. 0000h gesetzt und damit der belegte Speicher freigegeben.

Wir wollen uns als erstes den Eintrag im Inhaltsverzeichnis und in der FAT zu einer Datei DATEN.DOC auf einer 3,5-Zoll-Diskette mit 1,44 Mbyte ansehen.

Inhaltsverzeichniseintrag:

```
2A49:0060  44 41 54 45 4E 20 20 20-44 4F 43 20 00 00 00 00   DATEN   DOC ....
2A49:0070  00 00 00 00 00 00 49 46-93 14 04 00 81 0C 00 00   ......IF........
```

FAT-Eintrag:

```
2A49:0000  F0 FF FF FF FF FF 05 60-00 07 80 00 09 A0 00 FF   .......`........
2A49:0010  FF FF 00 00 00 00 00-00 00 00 00 00 00 00 00      ................
```

Die Datei beginnt im Cluster mit der Nummer 004h und endet bei 00Ah. Löschen wir jetzt diese Datei und sehen uns dann erneut den Eintrag im Inhaltsverzeichnis und die FAT an.

```
C:\>del a:daten.doc
C:\>debug
-l cs:0 0 13 e
-d 0
2A49:0000  44 45 42 55 47 20 20 20-20 20 20 28 00 00 00 00   DEBUG      (....
2A49:0010  00 00 00 00 00 00 D5 42-93 14 00 00 00 00 00 00   .......B........
2A49:0020  43 20 20 20 20 20 20 20-44 41 54 20 00 00 00 00   C       DAT ....
2A49:0030  00 00 00 00 00 00 7C 73-92 14 02 00 37 01 00 00   ......|s....7...
2A49:0040  43 20 20 20 20 20 20 20-44 4F 43 20 00 00 00 00   C       DOC ....
2A49:0050  00 00 00 00 00 00 88 71-89 14 03 00 50 01 00 00   .......q....P...
```

```
2A49:0060  E5 41 54 45 4E 20 20 20-44 4F 43 20 00 00 00 00   .ATEN   DOC ....
2A49:0070  00 00 00 00 00 00 49 46-93 14 04 00 81 0C 00 00   ......IF........
-l cs:0 0 1 9
-d 0
1f
2A49:0000  F0 FF FF FF FF FF 00 00-00 00 00 00 00 00 00 00   ................
2A49:0010  F0 FF 00 00 00 00 00 00-00 00 00 00 00 00 00 00   ................
```

Wie Sie anhand der DEBUG-Anzeige erkennen können, wurde im Inhaltsverzeichnis lediglich das erste Zeichen des Dateinamens auf E5h verändert. Daran erkennt DOS, daß dieser Eintrag gelöscht ist und benutzt ihn bei nächster Gelegenheit, um eine neue Datei zu speichern. Dies ist einer der Gründe, warum es erforderlich ist, die Rettungsaktion vor dem Speichern einer neuen Datei durchzuführen.

Durch diesen als gelöscht markierten Eintrag können wir zumindest den ersten Cluster feststellen. Dies ist nach wie vor der Cluster 4.

In der FAT ist ersichtlich, daß alle zur Datei gehörenden Clustereinträge auf 000h gesetzt wurden.

Damit beginnt jetzt unsere Arbeit. Wir laden als erstes das Inhaltsverzeichnis, ändern den ersten Buchstaben der Datei wieder auf »D« und speichern die Daten wieder auf die Diskette zurück:

```
-l cs:0 0 13 e
-e cs:60 'D'
-d cs:60
-w cs:0 0 13 e
```

Damit wäre die erste und einfachste Hürde genommen. Als nächstes müssen wir die Dateilänge errechnen und uns den ersten Cluster in der FAT suchen.

```
-l cs:0 0 1 9
-d 0
1f
2A49:0000  F0 FF FF FF FF FF 00 00-00 00 00 00 00 00 00 00   ................
2A49:0010  F0 FF 00 00 00 00 00 00-00 00 00 00 00 00 00 00   ................
```

Der erste Cluster ist laut Inhaltsverzeichnis 004h. Die Dateigröße beträgt 3201 Byte (00000C81h). Bei einer Clusterlänge von einem Sektor bzw. 512 Byte ergeben sich somit sieben belegte Cluster für die Datei. Wie Sie die einzelnen Werte errechnen, habe ich Ihnen bereits in den vorherigen Abschnitten beschrieben.

Sollten die Cluster zusammenhängend gespeichert sein, ergibt sich folgende neue FAT ab dem Eintrag zum Cluster vier:

Cluster	Position	Codierter Cluster
005 006	23 61 45	05 60 00
007 008	23 61 45	07 80 00
009 00A	23 61 45	09 A0 00
00B	23 61 45	FF xF xx

Der FAT-Eintrag zum Cluster vier beginnt nach dem Laden im Hauptspeicher ab der Offsetadresse 0006h. Dort müssen wir mit dem Eintragen der neuen Numerierung beginnen:

```
-e cs:6 05 60 00 07 80 00 09 A0 00
```

Jetzt fehlt uns nur noch der Eintrag zum letzten Cluster. An den dazugehörigen Byte ab Offset 000Fh befinden sich derzeit die Zeichen

```
00 F0 FF
```

Wir müssen jetzt die neuen Daten mit den alten »mischen«:

Bisheriger Eintrag	00 F0 FF
Mischeintrag	FF xF xx
Neuer Eintrag	FF FF FF

Den neuen Eintrag müssen wir jetzt noch eingeben:

```
-e cs:f ff ff ff
```

Zum Abschluß wollen wir uns die veränderte FAT noch einmal ansehen, um festzustellen, ob wir keinen Fehler gemacht haben:

```
-d 0 1f
2A49:0000  F0 FF FF FF FF FF 05 60-00 07 80 00 09 A0 00 FF   .......'........
2A49:0010  FF FF 00 00 00 00 00 00-00 00 00 00 00 00 00 00   ................
-w cs:0 0 1 9
-q
```

Damit haben wir alle Korrekturen abgeschlossen. Nach dem Verlassen von DEBUG sollten Sie als Prüfung noch folgende Vorgänge durchführen:

```
C:\>dir a:
C:\>chkdsk a:
C:\>type a:daten.doc
```

Der TYPE-Befehl hat selbstverständlich nur Sinn, wenn es sich um eine Datendatei handelt, die lesbare Informationen enthält. In jedem Fall sollten Sie Ihre Änderungen prüfen.

Was jetzt tun, wenn die einzelnen *Datencluster nicht zusammenhängend* gespeichert sind?

In diesem Fall sollten Sie als erstes feststellen, welche Cluster ab dem Anfang der FAT bis zu deren Ende nicht belegt sind, also 000h bzw. 0000h enthalten. Am besten Sie lassen sich den gesamten Block der FAT ausdrucken, der belegte Clustereinträge aufweist. Markieren Sie den ersten Clustereintrag zu Ihrer gelöschten Datei und anschließend alle anderen freien Einträge.

Als nächstes prüfen Sie die freien Einträge, die sich nach dem ersten Cluster zu Ihrer Datei in der FAT befinden. Häufig befinden sich die dazugehörigen weiteren Clustereinträge relativ nahe am ersten Dateneintrag.

Der sicherste Weg führt anschließend über eine Überprüfung der einzelnen Cluster auf dem Datenträger. Sie laden jeweils den ersten Sektor und lassen sich diesen mit dem »D«-Befehl anzeigen. Notieren Sie sich die Clusternummer zu jedem Block, der zur Datei gehört sowie die Reihenfolge.

Anschließend ist es relativ einfach, da Sie nur noch die FAT in der entsprechenden Reihenfolge verändern müssen.

Dies hört sich sehr aufwendig an. Aber keine Angst, häufig ist es nicht so. Sie können am Aufwand allerdings sicher erkennen, daß der beste, schnellste und sicherste Weg immer eine aktuelle *Datensicherung* ist! Eine Alternative sind auch die vielen Programme zum »Undelete«, wie zum Beispiel die Norton Utilities. Diese machen die Arbeit für Sie - meist klappt es ja auch. Wenn die Daten zu stark gestreut sind, scheitern meist auch derartige Hilfsprogramme. Dann hilft Ihnen nur noch die oben beschriebene Prozedur. Je nach Datenträgerkapazität und Anzahl der Dateien kann der Vorgang aber mehrere Stunden dauern. Dies setzt aber voraus, daß Sie die Inhalte Ihrer Dateien kennen, sonst finden Sie die Blöcke auf der Platte kaum wieder.

Ich hoffe, daß ich Sie mit der vorstehenden Beschreibung nicht abgeschreckt habe. Vieles hört sich wesentlich komplizierter an, als es in der Praxis ist. Arbeiten Sie exakt, geht mit ein wenig Übung die Arbeit mit der Zeit sehr einfach von der Hand.

7 Die Erstellung von kleinen Programmen mit DEBUG

In diesem Kapitel beschreibe ich Ihnen auf der Basis der bisherigen Abschnitte die Erstellung von kleinen und nützlichen Programmen. Hierzu verwenden wir vor allem den »A«-Befehl von DEBUG.

Mit dem Wissen aus diesem und den anderen Kapiteln dieses Buches sollte es Ihnen künftig leichter fallen, die in einigen Magazinen abgedruckten kleinen Programme in symbolischem Code besser zu verstehen und anzuwenden.

Beachten Sie vor allem auch den Anhang I mit einer kurzen Beschreibung der wichtigsten symbolischen Befehle. Für die zusätzliche Kurzbeschreibung zu den kleinen Programmen in diesem Kapitel ist entweder weiteres Wissen zu Interrupts und DOS-Funktionen notwendig, oder aber Sie schaffen sich die notwendigen Handbücher/Bücher an, die die Beschreibung zu diesen Systemaufrufen enthält.

Es würde den Rahmen dieses Buches sprengen, wollte ich auch nur versuchen, Ihnen die Interrupt- und Funktionsaufrufe zu beschreiben. Es ist auch nicht unbedingt notwendig, dies zu verstehen.

7.1 [Strg]+[Alt]+[Entf] bzw. [Ctrl]+[Alt]+[Del] verhindern

Mit der Tastenkombination [Strg]+[Alt]+[Entf] bzw. [Ctrl]+[Alt]+[Del] bei älteren oder englischen Tastaturen können Sie jederzeit Ihren Computer neu starten. Im falschen Moment gedrückt, kann dies aber Datendateien zerstören oder andere unangenehme Folgen haben. Daher möchte ich Ihnen hier ein kleines Programm vorstellen, das dies verhindert.

Ein Neustart des Computers funktioniert bei Einsatz dieses kleinen Programms dann nur noch über eine Reset-Taste am Computer oder dem Ein- und Ausschalten.

Geben Sie jetzt das neue Programm mit DEBUG ein. Bitte vergessen Sie nicht als erstes in jeder Zeile und nach der ersten Spalte [↵] zu betätigen. Die Eingaben können in Groß- oder Kleinbuchstaben erfolgen.

```
C:\>debug
-nniestart.com
-a
19F6:0100    mov    ax,3509
19F6:0103    int    21
19F6:0105    mov    [136],bx
19F6:0109    mov    [138],es
19F6:010D    mov    dx,11a
```

```
19F6:0110    mov    ax,2509
19F6:0113    int    21
19F6:0115    mov    dx,13A
19F6:0118    int    27
19F6:011A    push   ax
19F6:011B    in     al,60
19F6:011D    cmp    al,53
19F6:011F    jnz    134
19F6:0121    push   ds
19F6:0122    mov    ax,40
19F6:0125    mov    ds,ax
19F6:0127    test   by[17],4
19F6:012C    jz     133
19F6:012E    and    by[17],f7
19F6:0133    pop    ds
19F6:0134    pop    ax
19F6:0135    jmp    0000:0000
19F6:013A
-rcx
CX 0000
:3a
-w
```

Jeder von Ihnen eingegebene Befehl wurde von DEBUG sofort auf Gültigkeit geprüft. Trotzdem können sich Fehler »einschleichen«, darum anschließend immer noch einmal mit dem »U«-Befehl anzeigen lassen und gegenlesen:

```
-u 100 13a
19F6:0100 B80935        MOV     AX,3509
19F6:0103 CD21          INT     21
19F6:0105 891E3601      MOV     [0136],BX
19F6:0109 8C063801      MOV     [0138],ES
19F6:010D BA1A01        MOV     DX,011A
19F6:0110 B80925        MOV     AX,2509
19F6:0113 CD21          INT     21
19F6:0115 BA3A01        MOV     DX,013A
19F6:0118 CD27          INT     27
19F6:011A 50            PUSH    AX
19F6:011B E460          IN      AL,60
19F6:011D 3C53          CMP     AL,53
19F6:011F 7513          JNZ     0134
```

```
19F6:0121 1E              PUSH    DS
19F6:0122 B84000          MOV     AX,0040
19F6:0125 8ED8            MOV     DS,AX
19F6:0127 F606170004      TEST    BYTE PTR [0017],04
19F6:012C 7405            JZ      0133
19F6:012E 80261700F7      AND     BYTE PTR [0017],F7
19F6:0133 1F              POP     DS
19F6:0134 58              POP     AX
19F6:0135 EA00000000      JMP     0000:0000
-q
```

Sie sehen, daß DEBUG die von Ihnen eingegebenen Befehle in Großbuchstaben umgewandelt hat. Ferner wurden einige Angaben verändert, da wir sie in Kurzform eingegeben haben.

Das Programm haben wir unter dem Namen NIESTART.COM auf dem aktuellen Laufwerk gespeichert. Am besten Sie fügen den Programmaufruf in Ihre Datei AUTOEXEC.BAT ein, damit es bei jedem Computerstart automatisch aufgerufen wird. Das Programm benötigt 496 Byte an freiem Hauptspeicher.

Beschreibung zum Programmcode:

Für diejenigen unter Ihnen, die es genauer wissen wollen, hier eine kurze Beschreibung zum eingegebenen Programm.

Der Interrupt 9 ist für die Tastatur zuständig. Wir laden im ersten Befehl die Funktion 35h mit der Interrupt-Nummer 09h. Durch Aufruf des Interrupt 21h wird im Registerpaar ES:BX die Segment- und Offsetadresse vom System zurückgegeben, die das dazugehörige BIOS-Tastaturprogramm besitzt.

Durch die beiden folgenden Befehle übertragen wir die Adresse in den letzten Befehl (JMP), damit zum Programmabschluß das Standard-Tastaturprogramm des BIOS ausgeführt wird. Anschließend verändern wir die Adresse des Interrupt 09 mit der Funktion 25 und setzen dort die Offsetadresse 011Ah ein in Register DX).

Als nächstes wird in das Register DX die Adresse des ersten Byte nach dem Programm geladen (13Ah). Anschließend mit dieser Information der Interrupt 27h ausgeführt, der das Programm beendet und resident hält (TSR - Terminate and Stay Resident).

Dadurch, daß wir den Interrupt 09h »umgebogen« haben, wird bei jeder Tastaturbetätigung das Programm ab der Adresse nach dem Aufruf des Interrupt 27h ausgeführt (Adresse 11Ah).

Als erstes wird der Inhalt des Registers AX auf den Stapel gesichert (PUSH). Anschließend wird vom Port 60h (Tastaturcontroller) der Scan-Code geholt, den die von Ihnen betätigte Taste hat. Danach wird geprüft, ob der Scan-Code, der in Register AL geladen wurde, den Inhalt 53h für die Taste [Del] bzw. [Entf] hat. Ist dies nicht der Fall, wird zur Adresse 134h verzweigt, der alte Inhalt von Register AX vom Stapel zurückgeholt und das normale Programm zum Tastaturinterrupt aufgerufen.

Wir haben deshalb erst auf die dritte Taste geprüft, da nur zu diesem Zeitpunkt feststeht, ob die Dreiertastenkombination gedrückt wurde.

Als nächstes wird der Inhalt des Registers DS auf den Stapel gesichert. Mit den folgenden drei Befehlen wird das Tastatur-Statusbyte an der Adresse 0040:0017 getestet, ob vorher [Ctrl] bzw. [Strg] (04h) gedrückt wurde. Wenn nicht, werden die beiden POP-Befehle und der »normale« Tastaturinterrupt ausgeführt.

Haben Sie die Tastenkombination zum Neustart gedrückt, wird das Tastatur-Statusbyte mit dem AND-Befehl zurückgesetzt.

Zum Abschluß werden die alten Registerinhalte für DS und AX durch zurückholen vom Stapel wieder hergestellt und der Tastaturinterrupt ausgeführt.

7.2 Text am Bildschirm ausgeben

Geben Sie selbst kleine Programme mit DEBUG ein? Oft möchte man zusätzlich noch Text ausgeben, um zum Beispiel anzuzeigen, daß das Programm korrekt geladen und ausgeführt wurde.

Hierzu sind lediglich einige kleine zusätzliche Befehle notwendig, die Sie in ein Programm einfügen müssen. Beachten Sie dabei aber, daß eventuelle Adressen geändert werden müssen.

```
C:\>debug
-a
19DC:0100       mov     ah,9
19DC:0102       mov     dx,109
19DC:0105       int     21
19DC:0107       int     20
19DC:0109       db      'Programm ordnungsgemäß installiert.$'
19DC:012D
-rcx
CX 0000
:12d
```

```
-nanzeige.com
-w
012D Byte werden geschrieben
-q
```

Beschreibung zum Programmcode:

Mit der Funktion 09h des Interrupt 21h können Sie Texte auf den Bildschirm ausgeben. Zusätzlich müssen wir hierzu noch die Offsetadresse in Register DX laden, an der der Text im Speicher beginnt. Mit Aufruf des Interrupt 20h wird das Programm beendet.

Das »$«-Zeichen am Textende dürfen Sie nie vergessen, da es das Ende für die Bildschirmanzeige definiert.

Programmerweiterung:

Wir wollen diese Zeilen jetzt in das Programm aus Abschnitt 7.1 einbauen:

```
C:\>debug
-nniestart.com
-a
19F6:0100    mov      ax,3509
19F6:0103    int      21
19F6:0105    mov      [16C],bx
19F6:0109    mov      [16E],es
19F6:010D    mov      dx,150
19F6:0110    mov      ax,2509
19F6:0113    int      21
19F6:0115    mov      ah,9
19F6:0117    mov      dx,11e
19F6:011A    int      21
19F6:011C    jmp      14b
19F6:011E    db       'Programm NIESTART ordnungsgemäß installiert.$'
19F6:014B    mov      dx,170
19F6:014E    int      27
19F6:0150    push     ax
19F6:0151    in       al,60
19F6:0153    cmp      al,53
19F6:0155    jnz      16A
19F6:0157    push     ds
19F6:0158    mov      ax,40
```

```
19F6:015B    mov     ds,ax
19F6:015D    test    by[17],4
19F6:0162    jz      169
19F6:0164    and     by[17],f7
19F6:0169    pop     ds
19F6:016A    pop     ax
19F6:016B    jmp     0000:0000
19F6:0170
-rcx
CX 012D
:170
-w
0170 Byte werden geschrieben
-q
```

Rufen Sie künftig das Programm auf, wird zur Bestätigung am Bildschirm
`Programm NIESTART ordnungsgemäß installiert.`
am Bildschirm angezeigt.

7.3 Umstellen des Druckers

Viele Drucker lassen sich nicht durch geeignete Schalter auf jede beliebige Einstellung umschalten.

Dies ist häufig sehr ärgerlich, vor allem dann, wenn man mit Programmen arbeitet, die keine richtige Druckereinstellung ermöglichen, wie zum Beispiel DOS-Befehle.

Hierzu stelle ich Ihnen ein kleines Programm vor, das Ihren Drucker beliebig umstellt. Sie benötigen hierzu nur das Druckerhandbuch, das die Steuerzeichen beschreibt.

```
C:\>debug
-ndruckst.com
-a
1A20:0100    mov     cl,[80]
1A20:0104    add     cx,7f
1A20:0107    mov     bx,81
1A20:010A    call    125
1A20:010D    mov     dl,10
1A20:010F    mul     dl
```

```
1A20:0111      mov       dl,al
1A20:0113      call      125
1A20:0116      add       dl,al
1A20:0118      mov       ah,05
1A20:011A      int       21
1A20:011C      inc       bx
1A20:011D      cmp       bx,cx
1A20:011F      jl        10a
1A20:0121      mov       ah,4c
1A20:0123      int       21
1A20:0125      inc       bx
1A20:0126      mov       al,[bx]
1A20:0128      cmp       al,47
1A20:012A      jl        12f
1A20:012C      sub       al,57
1A20:012E      ret
1A20:012F      cmp       al,3a
1A20:0131      jl        136
1A20:0133      sub       al,37
1A20:0135      ret
1A20:0136      sub       al,30
1A20:0138      ret
1A20:0139
-rcx
CX 0000
:39
-u 100 139
1A20:0100 8A0E8000       MOV       CL,[0080]
1A20:0104 83C17F         ADD       CX,+7F
1A20:0107 BB8100         MOV       BX,0081
1A20:010A E81800         CALL      0125
1A20:010D B210           MOV       DL,10
1A20:010F F6E2           MUL       DL
1A20:0111 88C2           MOV       DL,AL
1A20:0113 E80F00         CALL      0125
1A20:0116 00C2           ADD       DL,AL
1A20:0118 B405           MOV       AH,05
1A20:011A CD21           INT       21
1A20:011C 43             INC       BX
1A20:011D 39CB           CMP       BX,CX
1A20:011F 7CE9           JL        010A
1A20:0121 B44C           MOV       AH,4C
```

```
1A20:0123 CD21            INT      21
1A20:0125 43              INC      BX
1A20:0126 8A07            MOV      AL,[BX]
1A20:0128 3C47            CMP      AL,47
1A20:012A 7C03            JL       012F
1A20:012C 2C57            SUB      AL,57
1A20:012E C3              RET
1A20:012F 3C3A            CMP      AL,3A
1A20:0131 7C03            JL       0136
1A20:0133 2C37            SUB      AL,37
1A20:0135 C3              RET
1A20:0136 2C30            SUB      AL,30
1A20:0138 C3              RET
-w
0039 Byte werden geschrieben
-q
```

Der Drucker muß an der Schnittstelle PRN bzw. LPT1 angeschlossen sein. Beim Aufruf geben Sie zusätzlich die zu übertragenden hexadezimalen Steuerzeichen ein, jeweils durch ein Leerzeichen getrennt zum Befehl.

Beispiel:

Umschalten des Druckers in Fettschrift. Für die meisten Drucker können Sie

`C:\>druckst 1b 45`

eingeben. Der HP Deskjet aber verwendet zum Beispiel längere Codes:

`C:\>druckst 1b 28 73 33 42`

Beschreibung zum Programmcode:

Zusatzeingaben beim Programmaufruf werden ab der Offsetadresse 81h im Codesegment abgelegt. An der Adresse 80h wird die Länge der eingegebenen Variablen abgelegt.

Für die oberen beiden Beispiele wären dies die Werte 06h und 0Fh, da auch das Leerzeichen zwischen Befehl und dem ersten Code gespeichert ist.

Mit dem ersten Befehl übertragen wir das Byte an der Offsetadresse 80h in das Halb-Register CL. Hierzu addieren wir 7Fh, damit wir die Offsetadresse des letzten Steuercodes aus der Eingabezeile im Register CX gespeichert haben. Anschließend laden wir noch die Offsetadresse des ersten Steuercodes in das Register BX.

Für das erste Eingabebeispiel würden die beiden Register jetzt folgende Werte beinhalten:

BX=0081
CX=0085

Jetzt wird in ein kleines »Unterprogramm« ab der Offsetadresse 125h verzweigt, wo wir die Arbeit fortsetzen. Mit dem Befehl INC wird der Inhalt des Registers BX um 1 auf 82h erhöht. Wir übertragen das Byte an der Adresse 82h in Register AL und vergleichen den Wert mit 47h. Ist der Wert kleiner, wird mit JL an die Offsetadresse 12Fh gesprungen. Dort erfolgt der Vergleich mit 3Ah. Da unser Wert (31h) kleiner ist, führt der Computer den folgenden JL-Befehl aus. An der Adresse 136h geht es weiter. Mit dem nächsten Befehl wir 30h subtrahiert. Die Register stellen sich jetzt wie folgt dar:

AX=0001
BX=0082
CX=0085

Der RET-Befehl bringt uns zum Ausgangspunkt bzw. der Offsetadresse nach dem CALL-Befehl zurück. Sie sehen, daß Ihre Eingabe »1« vom ASCII-Code 31h zum hexadezimalen »1« umgewandelt wurde. Diesen brauchen wir schließlich zum Versand an den Drucker. Das Programm wandelt also zwei Byte aus der Eingabezeile in ein Byte um, wovon wir erst die vordere Hälfte haben.

Als nächstes wird in Register DL der Wert 10h geladen und mit diesem der Inhalt des Registers AX multipliziert. Den Inhalt von AL bzw. AX übertragen wir nach DL:

AX=0010
BX=0082
CX=0085
DX=0010

Wir »springen« wieder zu unserem Unterprogramm ab der Offsetadresse 125h. Dort wird der Registerinhalt von BX um 1 erhöht, damit das nächste Zeichen bearbeitet werden kann. Der Vorgang funktioniert wie bereits beschrieben.

Nach der Rückkehr aus dem Unterprogramm wird das so errechnete zweite halbe Byte zum ersten in Register DL hinzuaddiert:

AX=000B
BX=0083
CX=0085
DX=001B

Mit Hilfe der Funktion 05h des Interrupts 21h geben wir das so errechnete Zeichen an die erste parallele Schnittstelle (PRN) aus.

Danach wird Register BX um 1 erhöht und mit dem Inhalt von CX verglichen. Solange der Inhalt von BX kleiner ist, wird umgerechnet und an den Drucker gesandt. Damit werden alle von Ihnen eingegebenen zweistelligen Steuerzeichen übertragen.

Nach der Übertragung des letzten Steuerzeichens wird mit der Funktion 4Ch des Interrupt 21h das Programm beendet und zum Betriebssystem bzw. COMMAND.COM als aufrufendes Programm zurückgekehrt.

7.4 Zählschleifen in Stapeldateien

Für Zählschleifen in Stapeldateien steht lediglich der FOR-Befehl zur Verfügung, der aber auch nicht immer verwendet werden kann.

Deshalb will ich Ihnen hier ein Programm vorstellen, mit dem Sie dieses Problem lösen können. Hierzu erstellen wir das Programm ZAEHLER.COM und als Beispiel für die Anwendung die Stapeldatei LAUFEN.BAT.

```
C:\>debug
-nzaehler.com
-a
1A20:0100    mov     ax,3d02
1A20:0103    mov     dx,14b
1A20:0106    int     21
1A20:0108    jnb     10e
1A20:010A    xor     al,al
1A20:010C    jmp     147
1A20:010E    mov     bx,ax
1A20:0110    mov     cx,1
1A20:0113    mov     dx,151
1A20:0116    mov     ah,3f
1A20:0118    int     21
1A20:011A    dec     by[151]
1A20:011E    mov     ax,4200
1A20:0121    xor     cx,cx
1A20:0123    xor     dx,dx
1A20:0125    int     21
1A20:0127    mov     ah,40
1A20:0129    mov     cx,1
1A20:012C    mov     dx,151
1A20:012F    int     21
1A20:0131    mov     ah,3e
1A20:0133    int     21
1A20:0135    mov     al,[151]
1A20:0138    sub     al,30
```

```
1A20:013A    cmp    al,00
1A20:013C    jnz    147
1A20:013E    mov    ah,41
1A20:0140    mov    dx,14b
1A20:0143    int    21
1A20:0145    xor    ax,ax
1A20:0147    mov    ah,4c
1A20:0149    int    21
1A20:014B    db     'Z.$$$'
1A20:0150    db     0 0
1A20:0152-rcx
CX 0000
:52
-u 100 14a
1A20:0100 B8023D        MOV    AX,3D02
1A20:0103 BA4B01        MOV    DX,014B
1A20:0106 CD21          INT    21
1A20:0108 7304          JNB    010E
1A20:010A 30C0          XOR    AL,AL
1A20:010C EB39          JMP    0147
1A20:010E 89C3          MOV    BX,AX
1A20:0110 B90100        MOV    CX,0001
1A20:0113 BA5101        MOV    DX,0151
1A20:0116 B43F          MOV    AH,3F
1A20:0118 CD21          INT    21
1A20:011A FE0E5101      DEC    BYTE PTR [0151]
1A20:011E B80042        MOV    AX,4200
1A20:0121 31C9          XOR    CX,CX
1A20:0123 31D2          XOR    DX,DX
1A20:0125 CD21          INT    21
1A20:0127 B440          MOV    AH,40
1A20:0129 B90100        MOV    CX,0001
1A20:012C BA5101        MOV    DX,0151
1A20:012F CD21          INT    21
1A20:0131 B43E          MOV    AH,3E
1A20:0133 CD21          INT    21
1A20:0135 A05101        MOV    AL,[0151]
1A20:0138 2C30          SUB    AL,30
1A20:013A 3C00          CMP    AL,00
1A20:013C 7509          JNZ    0147
1A20:013E B441          MOV    AH,41
1A20:0140 BA4B01        MOV    DX,014B
```

```
1A20:0143 CD21            INT    21
1A20:0145 31C0            XOR    AX,AX
1A20:0147 B44C            MOV    AH,4C
1A20:0149 CD21            INT    21
-d 14b
 15f
1A20:0140                                     5A 2E 24 24 24          Z.$$$
1A20:0150  00 00 E8 8E DD 01 04 E2-E6 0E 1F BF 00 01 8B F2   ................
-w
0052 Byte werden geschrieben
-q
```

Damit haben wir das Programm in symbolischen Code mit DEBUG erstellt. Jetzt kommen wir noch zur praktischen Anwendung in Stapeldateien.

```
C:\>edlin laufen.bat
Neue Datei
*i
        1:*@echo off
        2:*rem LAUFEN.BAT, erstellt am 20. April 1990
        3:*rem Autor: Hans C. Nieder
        4:*rem
        5:*rem Beispielprogramm zur Anwendung von ZAEHLER.COM
        6:*rem
        7:*cls
        8:*echo Anwendung LAUFEN anzahl
        9:*echo.
       10:*if "%1"=="" goto fehler
       11:*echo %1 > z.$$$
       12:*:schleife
       13:*rem Hier läuft die Schleife so oft, wie als ANZAHL angegeben
       14:*echo Die Schleife läuft %1 mal.
       15:*zaehler
       16:*if errorlevel 1 goto schleife
       17:*rem Ende der Schleife
       18:*goto ende
       19:*:fehler
       20:*rem Es wurde keine ANZAHL eingegeben
       21:*echo Sie haben vergessen, die Anzahl einzugeben.
       22:*echo Rufen Sie das Programm noch einmal auf.
```

Die Erstellung von kleinen Programmen mit DEBUG   145

```
       23:*:ende
       24:*echo Programmende
       25:*[←]H[C]
*e
```

Unser kleines Programm hat, wie Sie vielleicht schon erkannt haben, einen Nachteil. Als Anzahl kann immer nur ein Byte eingegeben werden. Davon nimmt das Programm ZAEHLER.COM den hexadezimalen Wert und subtrahiert 30h. Dadurch sind prinzipiell 255 Schleifendurchläufe maximal möglich.

Im Grunde ist dies aber ganz einfach. Mit Hilfe der Umrechnungstabelle in Anhang III stellen Sie den hexadezimalen Wert für notwendige Anzahl der Schleifendurchläufe fest und addieren 30h hinzu. Stellen Sie dann in der PC-Zeichensatztabelle fest (im DOS-Handbuch), welches Zeichen Sie angeben müssen.

Ist der errechnete Wert größer als FF, müssen Sie vom Ergebnis wieder FF subtrahieren und schon stimmt es wieder.

Beachten Sie bitte, daß einige Zeichen nicht verwendet werden können.

Beschreibung zum Programmcode:

Als erstes rufen wir die Funktion 3Dh des Interrupts 21h auf. Damit wird eine Datei geöffnet. Der Name ist ab dem Offset 14Bh gespeichert (Adresse in Register DX). Die Unterfunktion 02h bedeutet, daß die Datei zum Lesen und Schreiben geöffnet wird. Im Register AL bzw. AX erhalten wir nach dem Interrupt die Dateinummer zurück. Tritt ein Fehler auf, ist das Carry-Flag gesetzt und in Register AX befindet sich die Nummer des Fehlers.

Konnte die Datei eröffnet werden (in der Stapeldatei angelegt), wird die Verarbeitung an der Offsetadresse 010Eh fortgesetzt. Im anderen Fall wird der Inhalt des Halbregisters AL mit XOR gelöscht und das Programm beendet. Daher wird in diesem Fall die Schleife auch nur einmal in der Stapeldatei ausgeführt.

Die Dateinummer wird von Register AX nach BX übertragen. In CX übertragen wir den Wert 1h für die Anzahl der lesenden Byte. In Register DX wird die Offsetadresse 151h geladen, wohin das Byte aus der Datei übertragen werden soll. Mit diesen Vorgaben rufen wir die Funktion 3Fh des Interrupts 21h auf, mit der Daten von einem Gerät bzw. einer Datei gelesen werden können. Durch die Dateinummer haben wir die Verbindung zur eröffneten Datei hergestellt. Nach dem Aufruf befindet sich in AX die Anzahl der gelesen Byte.

AX=0001
BX=0005
CX=0001
DX=0151
DS:0151=35h

In unserem Beispiel wurde die dezimale Zahl 5 aus der Datei Z.$$$ gelesen. Mit dem DEC-Befehl subtrahieren wir 1h vom an der Adresse 151h gespeicherten Byte. Mit Hilfe der Funktion 42h des Interrupts 21h bewegen wir den Zeiger innerhalb der Datei wieder auf den Anfang. CX:DX werden hierfür gelöscht bzw. auf 0000:0000 gesetzt und zeigen daher auf den Dateianfang.

Mit der Funktion 40h schreiben wir anschließend das um 1 verminderte Byte wieder in die Datei zurück. Dort befindet sich also jetzt der Wert vier in unserem Beispiel. Jetzt wird die Datei wieder geschlossen (Funktion 3Eh).

Das Byte an der Offsetadresse 151h laden wir in das Halbregister AL. Von diesem Wert subtrahieren wir 30h. Wir vergleichen dann das Ergebnis mit 00h. Ist das Ergebnis nicht gleich, springen wir mit dem JNZ-Befehl zum Programmende. Im anderen Falle wird die Datei Z.$$$ mit der Funktion 41h des Interrupts 21h gelöscht. Die Adresse, die wir in Register DX geladen haben, zeigt dazu auf die Offsetadresse des Dateinamens im Hauptspeicher.

Jetzt löschen wir noch das Register AX und beenden das Programm mit der Funktion 4Ch.

Die ERRORLEVEL-Abfrage bezieht sich auf den Inhalt des Halbregisters AL. Da dieses nach dem Programmende von ZAEHLER.COM so lange einen Wert enthält, bis die angegebene Anzahl beendet ist, wird die Schleife weiterbearbeitet. Mit ERRORLEVEL fragen wir in unserem Beispiel auf größer oder gleich 1 ab. Erst bei 0 wird beendet.

7.5 [Num⬇], [Rollen⬇] und [⬇] ein- oder ausschalten

Viele Systeme schalten beim Starten von DOS [Num⬇] ein. Ich wurde immer wieder gefragt, was man denn tun müsse, um dies zu verhindern.

Ich will Ihnen deshalb in diesem Abschnitt ein Programm vorstellen, mit dem Sie die Tastenfunktion ein- oder ausschalten können.

```
C:\>debug
-nnumlock.com
-a
19F6:0100   mov     ax,0040
19F6:0103   mov     es,ax
19F6:0105   mov     bl,20
19F6:0107   cmp     by[82],2d
19F6:010C   jz      0114
19F6:010E   es:or   [17],bl
19F6:0113   ret
19F6:0114   not     bl
```

```
19F6:0116       es:and    [17],bl
19F6:011B       ret
19F6:011C
-u 100 11b
19F6:0100 B84000        MOV     AX,0040
19F6:0103 8EC0          MOV     ES,AX
19F6:0105 B320          MOV     BL,20
19F6:0107 803E82002D    CMP     BYTE PTR [0082],2D
19F6:010C 7406          JZ      0114
19F6:010E 26            ES:
19F6:010F 081E1700      OR      [0017],BL
19F6:0113 C3            RET
19F6:0114 F6D3          NOT     BL
19F6:0116 26            ES:
19F6:0117 201E1700      AND     [0017],BL
19F6:011B C3            RET
-rcx
CX 0000
:1c
-w
001C Byte werden geschrieben
-q
```

Das gleiche Programm können Sie mit einer kleinen Modifikation auch für die Tasten [Rollen⬆] und [⬇] verwenden:

Programmname	Befehl
NUMLOCK.COM	MOV BL,20
ROLLEN.COM	MOV BL,10
UMSCHALT.COM	MOV BL,40

Der Programmaufruf ist sehr einfach:

numlock +	Die Taste [Num⬆] einschalten
numlock -	Die Taste [Num⬆] ausschalten
rollen +	Die Taste [Rollen⬆] einschalten
rollen -	Die Taste [Rollen⬆] ausschalten
umschalt +	Die Taste [⬇] einschalten
umschalt -	Die Taste [⬇] ausschalten

Wollen Sie die Funktionen bereits beim Start von DOS ein- oder ausschalten, fügen Sie die Programmaufrufe in die Datei AUTOEXEC.BAT ein.

Beschreibung zum Programmcode:

Mit dem Start des Programms laden wir in Register AX den Wert 0040h. Diesen Wert übertragen wir zusätzlich auch in Register ES. Wir benötigen diese Segmentadresse für das Tastaturstatus-Byte, das sich immer an der Adresse 0040:0017 befindet.

In das Halbregister BL wird die »Bitmaske« 20h geladen. Diese wird für das Tastaturstatus-Byte benötigt:

Bit 76543210	Bedeutung
X.......	Status der Taste [Einf] (1=Aktiv, 0=Inaktiv)
.X......	Status der Taste [↓] (1=Aktiv, 0=Inaktiv)
..X.....	Status der Taste [Num◾] (1=Aktiv, 0=Inaktiv)
...X....	Status der Taste [Rollen◾] (1=Aktiv, 0=Inaktiv)
....X...	[Alt] ist gedrückt, wenn Bit auf 1 steht
.....X..	[Strg] ist gedrückt, wenn Bit auf 1 steht
......X.	linkes [⇧] ist gedrückt, wenn Bit auf 1 steht
.......X	rechtes [⇧] ist gedrückt, wenn Bit auf 1 steht

Die Wertigkeiten der einzelnen Bits habe ich Ihnen bereits in einem der vorhergehenden Abschnitte beschrieben.

Damit ergibt sich, daß der Wert 20h das Bit zum Status der Taste [Num◾] bezeichnet.

Als nächstes vergleichen wir das zum Befehl eingegebene Zeichen, das sich im aktuellen Codesegment an der Offsetadresse 82h befindet, und ob es sich dabei um das Minuszeichen (2Dh) handelt.

Wenn ja, wird an der Offsetadresse 114h fortgesetzt. Wenn es sich um »-« handelt, wird eine logische ODER-Operation mit dem an der Adresse 0040:0017 gespeichert Byte und dem Inhalt 20h im Halbregister BL durchgeführt.

An der Adresse 114h befindet sich ein NOT-Befehl, der alle Bit im Halbregister BL umkehrt:

Alter Inhalt	00100000b	20h
Neuer Inhalt	11011111b	DFh

Anschließend wird eine logische UND-Operation durchgeführt, wodurch das Status-Bit gesetzt wird, auch wenn dieses schon auf »1« steht.

Die RET-Befehle führen zu einem Rücksprung an das aufrufende Programm (COMMAND.COM). Dies führt zu einem Sprung an die Offsetadresse 0000h. Dort befindet sich der Befehl

```
INT 20
```

der das Programm beendet.

> **Anmerkungen:**
>
> Sicher haben Sie es schon bemerkt: geben Sie zum Programmaufruf kein oder ein beliebiges anderes Zeichen, als »-« ein, wird die Taste [Num⋅] aktiviert.
>
> Sollten Sie das Tastaturstatus-Byte für andere Zwecke verwenden wollen, sollten Sie beachten, daß nicht jedes Anwendungsprogramm dieses Byte von DOS benutzt.

7.6 Schnelles Programm zum Computerneustart

Im Abschnitt 7.1 habe ich Ihnen beschrieben, wie Sie den Neustart des Computers mit der Tastenkombination [Strg]+[Alt]+[Entf] verhindern können. Tritt jetzt aber der Fall ein, daß Sie zum Beispiel eine Änderung in der Datei CONFIG.SYS machen, ist ein derartiger Neustart notwendig. Hierzu wollen wir im folgenden ein kleines Programm erstellen, das diesen Vorgang für uns durchführt.

```
C:\>debug neustart.com
Datei nicht gefunden
-a
19F7:0100      mov     ax,40
19F7:0103      mov     ds,ax
19F7:0105      mov     ax,1234
19F7:0108      mov     [72],ax
19F7:010B      jmp     ffff:0
19F7:0110
-rcx
CX 0000
:10
```

```
-u 100 110
19F7:0100 B84000          MOV     AX,0040
19F7:0103 8ED8            MOV     DS,AX
19F7:0105 B83412          MOV     AX,1234
19F7:0108 A37200          MOV     [0072],AX
19F7:010B EA00000FFFF     JMP     FFFF:0000
-w
0010 Byte werden geschrieben
-q
```

An der Adresse 0040:0072 befindet sich normalerweise als Eintrag 0000h. Wir schreiben dorthin den Wert 1234h. Der JMP-Befehl führt zur Adresse im Hauptspeicher, an der sich die Befehle für den Systemneustart von DOS befinden.

Mit dem Inhalt 1234h an Adresse 0040:0072 wird bei vielen Systemen verhindert, daß ein neuer Selbsttest während des Neustarts durchgeführt wird.

Für den Computerneustart geben Sie lediglich

`C:\>neustart`

ein.

7.7 Prüfen, ob eine Diskette eingelegt und lesbar ist

Mit Hilfe des folgenden Programms können Sie überprüfen, ob eine Diskette in Laufwerk A oder B eingelegt und diese formatiert ist.

Dieses Programm kann man zum Beispiel in Stapeldateien einsetzen, um vor einem Kopiervorgang zu prüfen, ob wirklich eine Diskette eingelegt ist.

```
-ndiskette.com
-a
19DC:0100       mov     dl,[82]
19DC:0104       and     dl,df
19DC:0107       cmp     dl,41
19DC:010A       jz      111
19DC:010C       cmp     dl,42
19DC:010F       jnz     11e
```

```
19DC:0111      sub     dl,41
19DC:0114      call    124
19DC:0117      call    124
19DC:011A      mov     al,0
19DC:011C      jnb     120
19DC:011E      mov     al,1
19DC:0120      mov     ah,4c
19DC:0122      int     21
19DC:0124      mov     dh,0
19DC:0126      mov     ah,2
19DC:0128      mov     al,1
19DC:012A      mov     ch,0
19DC:012C      mov     cl,1
19DC:012E      push    cs
19DC:012F      pop     es
19DC:0130      mov     bx,136
19DC:0133      int     13
19DC:0135      ret
19DC:0136
-f cs:136 335 0
-u 100 135
19F7:0100  8A168200     MOV    DL,[0082]
19F7:0104  80E2DF       AND    DL,DF
19F7:0107  80FA41       CMP    DL,41
19F7:010A  7405         JZ     0111
19F7:010C  80FA42       CMP    DL,42
19F7:010F  750D         JNZ    011E
19F7:0111  80EA41       SUB    DL,41
19F7:0114  E80D00       CALL   0124
19F7:0117  E80A00       CALL   0124
19F7:011A  B000         MOV    AL,00
19F7:011C  7302         JNB    0120
19F7:011E  B001         MOV    AL,01
19F7:0120  B44C         MOV    AH,4C
19F7:0122  CD21         INT    21
19F7:0124  B600         MOV    DH,00
19F7:0126  B402         MOV    AH,02
19F7:0128  B001         MOV    AL,01
19F7:012A  B500         MOV    CH,00
19F7:012C  B101         MOV    CL,01
19F7:012E  0E           PUSH   CS
19F7:012F  07           POP    ES
```

```
19F7:0130 BB3601         MOV    BX,0136
19F7:0133 CD13           INT    13
19F7:0135 C3             RET
-d 100
19F7:0100  8A 16 82 00 80 E2 DF 80-FA 41 74 05 80 FA 42 75   .........At...Bu
19F7:0110  0D 80 EA 41 E8 0D 00 E8-0A 00 B0 00 73 02 B0 01   ...A........s...
19F7:0120  B4 4C CD 21 B6 00 B4 02-B0 01 B5 00 B1 01 0E 07   .L.!............
19F7:0130  BB 36 01 CD 13 C3 00 00-00 00 00 00 00 00 00 00   .6..............
19F7:0140  00 00 00 00 00 00 00 00-00 00 00 00 00 00 00 00   ................
19F7:0150  00 00 00 00 00 00 00 00-00 00 00 00 00 00 00 00   ................
19F7:0160  00 00 00 00 00 00 00 00-00 00 00 00 00 00 00 00   ................
19F7:0170  00 00 00 00 00 00 00 00-00 00 00 00 00 00 00 00   ................
-rcx
CX 0000
:235 -w
235 Byte werden geschrieben
-q
```

Hier noch ein Beispiel für die Anwendung in einer Stapeldatei (KOPDATA.BAT):

```
@echo off
diskette a
if errorlevel 1 goto keindisk
copy \daten\*.txt a:
goto ende
:keindisk
echo Es ist keine Diskette eingelegt oder
echo die eingelegte Diskette ist nicht formatiert.
:ende
echo Programmende
```

Nach dem Aufruf der Stapeldatei werden nur dann alle Dateien mit der Namenserweiterung TXT auf die Diskette in Laufwerk A kopiert, wenn dort eine bereits formatierte eingelegt ist. Wenn dies nicht der Fall ist, wird eine Fehlermeldung angezeigt.

Ohne unser kleines Programm würden Sie die Fehlermeldung

```
Nicht bereit beim Lesen Laufwerk A
A(bbrechen), W(iederholen), U(ebergehen)?
```

erhalten.

Die Erstellung von kleinen Programmen mit DEBUG

Beschreibung zum Programmcode:

Als erstes laden wir die Offsetadresse des zum Programmaufruf eingegebenen Laufwerksbuchstabens in das Halbregister DL. Durch eine logische UND-Verknüpfung mit DFh wird das Zeichen in einen Großbuchstaben umgewandelt:

| Buchstabe »a« | 61h | 01100001b |
UND	DFh	11011111b
Ergebnis	41h	01000001b

Jetzt vergleichen wir den eingegebenen Buchstaben mit »A« (41h). Ist dies Laufwerk A, geht's an der Offsetadresse 111h weiter, wenn nicht, vergleichen wir noch mit »B« (42h). Handelt es sich auch nicht um den Laufwerksbuchstaben »B«, fahren wir bei Offsetadresse 11Eh fort, laden den Fehlercode 1h in Register AL (wird mit ERRORLEVEL abgefragt) und beenden das Programm.

Wurde eine gültige Laufwerksbezeichnung zum Programmaufruf eingegeben, geht es an Adresse 111h weiter. Wir subtrahieren jetzt 41h, um für A: 00h und für B: 01h im Halbregister DL zu erhalten. Wie Sie bereits wissen, benutzt DOS intern diese hexadezimalen Codes für die Laufwerke.

Wir rufen jetzt sicherheitshalber zweimal das Unterprogramm zur Überprüfung ab der Offsetadresse 124h auf. In diesem eigenständigen Programmteil benutzen wir den Interrupt 13h für das Lesen von einer Diskette. Dazu müssen einzelne Register wie folgt geladen werden:

Register DH	Kopfnummer	00h
Register AH	Funktion	02h (Diskette lesen)
Register AL	Anzahl Sektoren	01h
Register CH	Zylindernummer	00h
Register CL	Ab Sektornummer	01h
Register BX	Adresse für Daten	136h

Mit den beiden Befehlen PUSH und POP kopieren wir den Inhalt von Register CS nach ES.

Nach dem Aufruf des Interrupts 13h kehren wir mit RET wieder zurück und fahren beim nächsten Befehl nach CALL fort.

Wir übertragen 00h nach Register AL. Mit JNB oder JNC fragen wir dann ab, ob das Carry-Flag im F-Register gesetzt ist. Wenn nicht, ist eine gültige Diskette eingelegt und wir fahren an Adresse 120h fort, um das Programm zu beenden.

Ist das Carry-Flag gesetzt, wird 01h nach AL übertragen, das wir in der Stapeldatei mit ERRORLEVEL prüfen.

7.8 Das Formatieren von Disketten und Festplatten verhindern

Haben Sie sich nicht auch schon manchmal gewünscht, daß das Formatieren grundsätzlich nicht möglich sein sollte? Da hilft es manchmal auch nicht, wenn man das FORMAT-Programm löscht.

Mit dem folgenden kleinen Programm verhindern Sie das Formatieren, unabhängig davon, ob es sich dabei um das DOS-Kommando FORMAT handelt oder um ein beliebiges anderes. Es schützt Sie umfassend.

```
C:\>debug
-a
1A16:0100    jmp      112
1A16:0102    pushf
1A16:0103    cmp      ah,5
1A16:0106    jnz      10c
1A16:0108    mov      ah,4c
1A16:010A    int      21
1A16:010C    popf
1A16:010D    jmp      0:0
1A16:0112    mov      ax,3513
1A16:0115    int      21
1A16:0117    mov      [10e],bx
1A16:011B    mov      bx,es
1A16:011D    mov      [110],bx
1A16:0121    push     cs
1A16:0122    pop      ds
1A16:0123    mov      dx,102
1A16:0126    mov      ax,2513
1A16:0129    int      21
1A16:012B    mov      dx,12
1A16:012E    mov      ah,31
1A16:0130    int      21
1A16:0132
-u 100 130
1A16:0100 EB10           JMP      0112
1A16:0102 9C             PUSHF
1A16:0103 80FC05         CMP      AH,05
1A16:0106 7504           JNZ      010C
1A16:0108 B44C           MOV      AH,4C
```

```
1A16:010A  CD21           INT    21
1A16:010C  9D             POPF
1A16:010D  EA00000000     JMP    0000:0000
1A16:0112  B81335         MOV    AX,3513
1A16:0115  CD21           INT    21
1A16:0117  891E0E01       MOV    [010E],BX
1A16:011B  8CC3           MOV    BX,ES
1A16:011D  891E1001       MOV    [0110],BX
1A16:0121  0E             PUSH   CS
1A16:0122  1F             POP    DS
1A16:0123  BA0201         MOV    DX,0102
1A16:0126  B81325         MOV    AX,2513
1A16:0129  CD21           INT    21
1A16:012B  BA1200         MOV    DX,0012
1A16:012E  B431           MOV    AH,31
1A16:0130  CD21           INT    21
-rcx
CX 0000
:32
-nnieform.com
-w
0032 Byte werden geschrieben
-q
```

Am besten, Sie fügen den Programmaufruf NIEFORM in die Datei AUTOEXEC.BAT ein. Damit kann man weder Disketten noch Festplatten formatieren. Wollen Sie dies doch einmal tun, müssen Siet diesen Befehl aus der Datei AUTOEXEC.BAT entfernen und dann neu starten. Formatieren Sie besser vorher erst einmal eine ganze Anzahl von Disketten.

Beschreibung zum Programmcode:

Als erstes springen wir zur Offsetadresse 112h. Dort holen wir uns die Adresse des Interrupt-Programms, das für die Ein- und Ausgabe von Daten zu Laufwerken verantwortlich ist. Dazu benutzen wir die Funktion 35h des Interrupts 21h. Der Wert 13h ist die Nummer des Interrupts für die Laufwerkein- und ausgabe.

Mit den folgenden drei Befehlen übertragen wir die mit der Funktion 35h festgestellte Adresse in dem JMP-Befehl an Offsetadresse 10Dh. BX enthält die Offsetadresse, ES die Segmentadresse des Interrupt-Programms. Anschließend sieht der JMP zum Beispiel so aus:

JMP 14A2:0102

Mit PUSH und POP kopieren wir den Inhalt aus Register CS nach DS. Jetzt laden wir in Register DX die Offsetadresse 0102h unseres Programmes. Danach rufen wir die Funktion 25h des Interrupts 21h auf. Dabei verwenden wir wieder die Interruptsnummer 13h. Dadurch wird die Adresse des Interrupts 13h auf unser Programm ab der Offsetadresse 102h gesetzt.

Die letzten drei Befehle beenden das Programm und halten es resident (Funktion 31h) im Speicher, damit es bei Auftreten des Interrupts 13h aktiv werden kann.

Der TSR-Teil unseres Programmes ab der Offsetadresse 102h sichert als erstes das Flag-Register auf den Stapel. Dann prüfen wir, ob in Register AH die Funktion 05h für den Interrupt 13h geladen ist. Die Funktion 05h wird immer benötigt, wenn formatiert werden soll.

Wurde die Funktion 05h aufgerufen, beenden wir das Programm mit der Funktion 4Ch des Interrupts 21h. Im anderen Fall wird an der Offsetadresse 10Ch fortgesetzt. Die Flagregister werden wieder vom Stapel zurückgeholt und wir springen mit dem modifizierten JMP-Befehl zum eigentlichen Interrupt-Programm.

7.9 Datei auf Vorhandensein und Größe prüfen

Das folgende Programm prüft, ob die angegebene Datei vorhanden ist. Ferner wird geprüft, ob die Dateilänge größer, gleich oder kleiner als der zusätzlich eingegebene Wert ist.

In einer Stapeldatei kann nach dem Aufruf die Auswertung mit ERRORLEVEL erfolgen. Dies kann man zum Beispiel vor einem Kopiervorgang verwenden.

```
C:\>debug
-a
19DC:0100      mov      si,81
19DC:0103      inc      si
19DC:0104      cmp      by[si],20
19DC:0107      jnz      103
19DC:0109      mov      by[si],0
19DC:010C      xor      bp,bp
19DC:010E      xor      di,di
19DC:0110      xor      bx,bx
19DC:0112      mov      ax,a
19DC:0115      mul      bp
19DC:0117      mov      bp,ax
19DC:0119      mov      ax,a
19DC:011C      mul      di
19DC:011E      mov      di,ax
```

```
19DC:0120      add       di,bx
19DC:0122      adc       bp,dx
19DC:0124      inc       si
19DC:0125      mov       bl,[si]
19DC:0127      sub       bl,30
19DC:012A      jnb       112
19DC:012C      mov       ah,4e
19DC:012E      mov       dx,82
19DC:0131      mov       cx,27
19DC:0134      int       21
19DC:0136      mov       ax,4cff
19DC:0139      jb        134
19DC:013B      mov       ax,4c01
19DC:013E      cmp       bp,[9c]
19DC:0142      ja        134
19DC:0144      jnz       14c
19DC:0146      cmp       di,[9a]
19DC:014A      ja        134
19DC:014C      mov       al,2
19DC:014E      jnz       134
19DC:0150      ret
19DC:0151
-u 100 150
19DC:0100  BE8100        MOV       SI,0081
19DC:0103  46            INC       SI
19DC:0104  803C20        CMP       BYTE PTR [SI],20
19DC:0107  75FA          JNZ       0103
19DC:0109  C60400        MOV       BYTE PTR [SI],00
19DC:010C  31ED          XOR       BP,BP
19DC:010E  31FF          XOR       DI,DI
19DC:0110  31DB          XOR       BX,BX
19DC:0112  B80A00        MOV       AX,000A
19DC:0115  F7E5          MUL       BP
19DC:0117  89C5          MOV       BP,AX
19DC:0119  B80A00        MOV       AX,000A
19DC:011C  F7E7          MUL       DI
19DC:011E  89C7          MOV       DI,AX
19DC:0120  01DF          ADD       DI,BX
19DC:0122  11D5          ADC       BP,DX
19DC:0124  46            INC       SI
19DC:0125  8A1C          MOV       BL,[SI]
19DC:0127  80EB30        SUB       BL,30
```

```
19DC:012A  73E6        JNB   0112
19DC:012C  B44E        MOV   AH,4E
19DC:012E  BA8200      MOV   DX,0082
19DC:0131  B92700      MOV   CX,0027
19DC:0134  CD21        INT   21
19DC:0136  B8FF4C      MOV   AX,4CFF
19DC:0139  72F9        JB    0134
19DC:013B  B8014C      MOV   AX,4C01
19DC:013E  3B2E9C00    CMP   BP,[009C]
19DC:0142  77F0        JA    0134
19DC:0144  7506        JNZ   014C
19DC:0146  3B3E9A00    CMP   DI,[009A]
19DC:014A  77E8        JA    0134
19DC:014C  B002        MOV   AL,02
19DC:014E  75E4        JNZ   0134
19DC:0150  C3          RET
-rcx
CX 0000
:51
-ndatei.com
-w
0051 Byte werden geschrieben
-q
```

Hier ein kleines Beispiel für die Anwendung in einer Stapeldatei (DATPRUEF.BAT):

```
@echo off
datei %1 %2
if errorlevel 255 goto nichtda
if errorlevel 2 goto zugroß
if errorlevel 1 goto kleiner
if errorlevel 0 goto exakt
:nichtda
echo Die Datei %1 wurde nicht gefunden.
goto ende
:zugroß
echo Die Datei %1 ist größer als %2 Byte.
goto ende
:kleiner
echo Die Datei %1 ist kleiner als %2 Byte.
```

```
goto ende
:exakt
echo Die Datei %1 ist %2 Byte lang.
:ende
```

Der Aufruf erfolgt zum Beispiel mit

`datpruef command.com 10000`

Dabei wird geprüft, ob die Datei COMMAND.COM im aktuellen Verzeichnis gespeichert und kleiner, gleich oder größer als 10.000 Byte ist.

Da ich Ihnen zu den bisherigen Programmen bereits sehr ausführlich den *Programmcode* beschrieben habe, verzichte ich ab DATEI.COM darauf. Mit Hilfe des Anhangs I, der bisherigen Beschreibungen und einem Handbuch zu den Interrupts und Funktionen von DOS, sollten Sie nur wenig Mühe haben, den Code in diesem und den folgenden Abschnitten zu verstehen.

7.10 Eingaben in eine Stapeldatei

Leider stellt DOS keinen Befehl zur Verfügung, der es erlaubt, während des Ablaufes einer Stapeldatei Eingaben durchzuführen. Daher beschreibe ich Ihnen hier ein kleines Programm, das eine Eingabe in einstelliger Form ermöglicht.

```
C:\>debug
-neingabe.com
-a
19DC:0100       mov     ax,0c07
19DC:0103       int     21
19DC:0105       mov     ah,4c
19DC:0107       int     21
19DC:0109
-u 100 107
19DC:0100  B8070C        MOV       AX,0C07
19DC:0103  CD21          INT       21
19DC:0105  B44C          MOV       AH,4C
19DC:0150  CD21          INT       21
-rcx
CX 0000
:9
-w
-q
```

Ein eingegebenes Zeichen kann nach Aufruf von EINGABE.COM mit ERRORLEVEL in einer Stapeldatei abgefragt werden. Da das Zeichen im Register AL steht, benötigen Sie hierzu den dezimalen Wert des Zeichens. Eine Übersicht hierzu finden Sie in den meisten DOS-Handbüchern. Zur Verdeutlichung hier ein Beispiel:

```
@echo off
cls
rem LOESCHEN.BAT
rem Beispiel zur Anwendung von EINGABE.COM
if "%1"=="" goto fehler
rem Es können maximal 9 Dateien zum Löschen angegeben werden
call loel %1 %2 %3 %4 %5 %6 %7 %8 %9
:nochmal
rem 110 ist »N«, 106 ist »J«, 78 ist »n« und 74 ist »j«
rem Bei ungültiger Eingabe wird diese nochmal angefordert
eingabe
if errorlevel 111 goto nochmal
if errorlevel 110 goto nein
if errorlevel 107 goto nochmal
if errorlevel 106 goto ja
if errorlevel 79 goto nochmal
if errorlevel 78 goto nein
if errorlevel 75 goto nochmal
if errorlevel 74 goto ja
goto nochmal
:nein
echo Keine Datei gelöscht.
goto ende
:ja
echo Die Datei %1 wird gelöscht.
del %1
shift
if "%1"=="" goto ende
goto ja
:fehler
echo Keine Datei zum Löschen angegeben.
:ende
```

Die Erstellung von kleinen Programmen mit DEBUG

```
@echo off
rem LOE1.BAT
echo Wollen Sie die Dateien
:schleife
if "%1"=="" goto ausgang
echo %1
shift
goto schleife
:ausgang
echo löschen (J/N) ?
```

Da wir in dem vorstehenden Beispiel den Befehl CALL verwenden, kann es erst ab der DOS-Version 3.3 verwendet werden.

Da ERRORLEVEL immer auf größer oder gleich abfragt, habe ich zusätzliche ERRORLEVEL-Abfragen eingesetzt, damit nur die gewünschten Tasten zugelassen sind. Der CALL-Befehl war notwendig, da wir den Befehl SHIFT für die Eingabe zweimal verwenden.

7.11 [Pause] und andere Tasten nicht zulassen

Haben Sie Probleme mit der Taste [Pause]? Dies kann zum Beispiel in Verbindung mit einem Netzwerk durchaus der Fall sein.

Ich stelle Ihnen hier ein Programm vor, mit dem Sie die Taste abschalten können. Dazu ist ein speicherresidentes Programm (TSR) notwendig, das 464 Byte zusätzlich vom Speicher wegnimmt.

Beachten Sie, daß auch wenn das Programm aktiv ist, zwar [Pause] nicht mehr verwendet werden kann, aber [Strg]+[S] für die gleiche Tätigkeit trotzdem noch funktioniert.

```
C:\>debug
-nkeinpaus.com
-a
19DC:0100      jmp        120
19DC:0102      db         0 0 0 0 40 0
19DC:0108      push       ds
19DC:0109      cs:
19DC:010A      mov        ds,[106]
19DC:010E      test       by[18],08
19DC:0113      jz         11a
19DC:0115      and        by[18],f7
```

```
19DC:011A       pop     ds
19DC:011B       cs:
19DC:011C       jmp     far [102]
19DC:0120       mov     ax,3508
19DC:0123       int     21
19DC:0125       mov     [102],bx
19DC:0129       mov     [104],es
19DC:012D       mov     ax,2508
19DC:0130       mov     dx,109
19DC:0133       int     21
19DC:0135       mov     dx,120
19DC:0138       int     27
19DC:013A
-u 100 100
19DC:0100 EB1E              JMP       0120
-u 108 138
19DC:0108 1E                PUSH      DS
19DC:0109 2E                CS:
19DC:010A 8E1E0601          MOV       DS,[0106]
19DC:010E F606180008        TEST      BYTE PTR [0018],08
19DC:0113 7405              JZ        011A
19DC:0115 80261800F7        AND       BYTE PTR [0018],F7
19DC:011A 1F                POP       DS
19DC:011B 2E                CS:
19DC:011C FF2E0201          JMP       FAR [0102]
19DC:0120 B80835            MOV       AX,3508
19DC:0123 CD21              INT       21
19DC:0125 891E0201          MOV       [0102],BX
19DC:0129 8C060401          MOV       [0104],ES
19DC:012D B80825            MOV       AX,2508
19DC:0130 BA0801            MOV       DX,0108
19DC:0133 CD21              INT       21
19DC:0135 BA2001            MOV       DX,0120
19DC:0138 CD27              INT       27
-d100
 10f
19DC:0100  EB 1E 00 00 00 00 40 00-1E 2E 8E 1E 06 01 F6 06   ......@.........
-rcx
CX 0000
```

```
:3a
-w
003A Byte werden geschrieben
-q
```

Beachten Sie zum Thema auch den Abschnitt 7.5.

Hier eine Übersicht über alle Tasten, die mit einer kleinen Modifikation am Programm ebenfalls abgefragt bzw. blockiert werden können:

Bit 76543210	Bedeutung, wenn das Bit gesetzt ist	Hex	
X.......	[Einf] bzw. <Ins> gedrückt	80h	7Fh
.X......	[↓] gedrückt	40h	BFh
..X.....	[Num*] gedrückt	20h	DFh
...X....	[Rollen*] gedrückt	10h	EFh
....X...	[Pause] oder [Strg]+[Num*] gedrückt	08h	F7h
.....X..	<SysReq> gedrückt	04h	FBh
......X.	Linkes [Alt] gedrückt	02h	FDh
.......X	Linkes [Strg] gedrückt	01h	FEh

Die Wertigkeiten der einzelnen Bits habe ich Ihnen bereits in einem der vorhergehenden Abschnitte beschrieben.

Die Taste [Pause] hat die Wertigkeit 08h, die wir mit unserem kleinen Programm abfragen. In der vorstehenden Tabelle habe ich Ihnen für die anderen Tasten die Codes zu den Befehlen TEST und AND angegeben. Damit können Sie das Programm sehr leicht selbst modifizieren.

7.12 Prüfen, ob Laufwerk oder Verzeichnis vorhanden ist

Vor allem in Stapeldateien ergibt sich oft das Bedürfnis, vor einer Operation (z.B. Kopieren) mit einer beim Aufruf eingegebenen Laufwerks- oder Verzeichnisangabe eine Prüfung auf Gültigkeit vorzunehmen.

Hierzu ein Programm, das die Überprüfung vornimmt und einen ERRORLEVEL ausgibt:

0	Verzeichnis oder Laufwerk gefunden
3	Verzeichnis nicht gefunden
255	Laufwerk nicht gefunden

```
C:\>debug
-nvzlw.com
-a
19F9:0100    cmp    al,ff
19F9:0102    jz     13d
19F9:0104    mov    bx,[80]
19F9:0108    mov    by[bx+e081],0
19F9:010D    mov    dl,[5c]
19F9:0111    cmp    dl,0
19F9:0114    ja     11e
19F9:0116    mov    ah,19
19F9:0118    int    21
19F9:011A    mov    dl,al
19F9:011C    inc    dl
19F9:011E    mov    si,145
19F9:0121    add    [si-3],dl
19F9:0124    mov    ah,47
19F9:0126    int    21
19F9:0128    mov    dx,82
19F9:012B    mov    ah,3b
19F9:012D    int    21
19F9:012F    jb     133
19F9:0131    mov    al,0
19F9:0133    mov    [13e],al
19F9:0136    mov    dx,142
19F9:0139    mov    ah,3b
19F9:013B    int    21
```

```
19F9:013D      mov         ax,4cff
19F9:0140      int         21
19F9:0142      db          '@:\'
19F9:0145-u 100 140
19F9:0100 3CFF              CMP         AL,FF
19F9:0102 7439              JZ          013D
19F9:0104 8B1E8000          MOV         BX,[0080]
19F9:0108 C68781E000        MOV         BYTE PTR [BX+E081],00
19F9:010D 8A165C00          MOV         DL,[005C]
19F9:0111 80FA00            CMP         DL,00
19F9:0114 7708              JA          011E
19F9:0116 B419              MOV         AH,19
19F9:0118 CD21              INT         21
19F9:011A 88C2              MOV         DL,AL
19F9:011C FEC2              INC         DL
19F9:011E BE4501            MOV         SI,0145
19F9:0121 0054FD            ADD         [SI-03],DL
19F9:0124 B447              MOV         AH,47
19F9:0126 CD21              INT         21
19F9:0128 BA8200            MOV         DX,0082
19F9:012B B43B              MOV         AH,3B
19F9:012D CD21              INT         21
19F9:012F 7202              JB          0133
19F9:0131 B000              MOV         AL,00
19F9:0133 A23E01            MOV         [013E],AL
19F9:0136 BA4201            MOV         DX,0142
19F9:0139 B43B              MOV         AH,3B
19F9:013B CD21              INT         21
19F9:013D B8FF4C            MOV         AX,4CFF
19F9:0140 CD21              INT         21
-d 140 14f
19F9:0140  CD 21 40 3A 5C C7 04 8C-DD 26 03 2E 18 01 83 C5   .!@:\....&.....
-rcx
CX 0000
:45
-w
0045 Byte werden geschrieben
-q
```

Zum Programmaufruf geben Sie die Laufwerks- und/oder Verzeichnisbezeichnung an.

Beispiele:

```
vzlw c:\daten
vzlw b:.
vzlw daten
```

Im ersten Fall wird das Unterzeichnis DATEN auf Laufwerk C gesucht. Im zweiten Beispiel prüfen wir, ob das Laufwerk B existiert (wenn ja, muß eine Diskette eingelegt sein). Zum Abschluß wird geprüft, ob im aktuellen Verzeichnis das Unterverzeichnis DATEN existiert.

Beachten Sie bitte, daß bei der Überprüfung auf ein Laufwerk die Bezeichnung mit einem »:.« wie in vorstehendem Beispiel abgeschlossen werden muß.

Hier ein Ausschnitt aus einer Stapeldatei zur Anwendung:

```
vzlw %1
if errorlevel 255 goto lwnicht
if errorlevel 3 goto vznicht
echo Das Laufwerk/Verzeichnis existiert
goto weiter
:vznicht
echo Das angegebene Verzeichnis wurde nicht gefunden.
goto fehler
:lwnicht
echo Das angegebene Laufwerk wurde nicht gefunden.
goto fehler
:weiter
```

Anhang

I Beschreibung der wichtigsten symbolischen Maschinencodebefehle

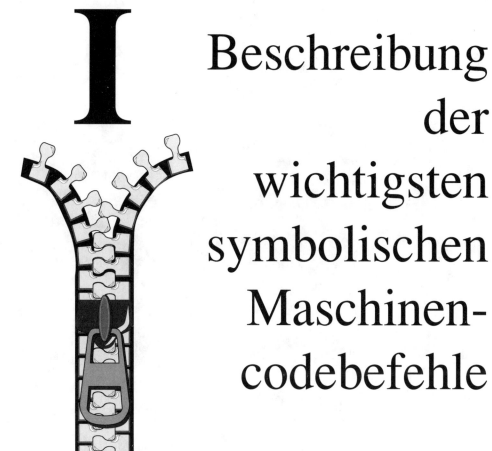

Die folgende Übersicht enthält nur eine Kurzbeschreibung des symbolischen Codes. Weitergehende Informationen finden Sie zum Beispiel in den Handbüchern der Firma INTEL zu den einzelnen Prozessoren.

Befehl	Bezeichnung
AAA	ASCII-Korrektur für Addition
AAD	ASCII-Korrektur für Division
AAM	ASCII-Korrektur für Multiplikation
AAS	ASCII-Korrektur für Subtraktion
ADC	Addition mit Übertrag (Carry)
ADD	Addition
AND	Logische UND-Verknüpfung
CALL	Aufruf eines Unterprogramms, das mit RET zurückspringt
CBW	Byte/Wort-Konvertierung
CLC	Übertragsflag zurücksetzen (Clear Carry Flag)
CLD	Richtungsflag zurücksetzen (Clear Direction Flag)
CLI	Interruptflag zurücksetzen (Clear Interrupt Flag)
CMC	Übertragsflag komplementieren
CMP	Vergleichsoperation
CMPS	Zeichenkettenvergleich (wort- oder byteweise)
CMPSB	Zeichenkette mit Bytelänge vergleichen
CMPSW	Zeichenkette mit Wortlänge vergleichen
CWD	Wort/Doppelwort-Konvertierung
DAA	Dezimalkorrektur bei Addition
DAS	Dezimalkorrektur bei Subtraktion
DEC	Dekrementieren
DIV	Division
ESC	Aussprung
HLT	Programmhalt
IDIV	Ganzzahldivision
IMUL	Ganzzahlmultiplikation
IN	Eingabe von einem Port (Byte oder Wort)
INC	Inkrementieren
INT	Interruptaufruf
INTO	Aufruf von Interrupt 4h, wenn das Überlauf-Flag gesetzt ist
IRET	Interrupt-Rücksprung

	Sprung-Befehle aufgrund einer vorhergehenden Operation:
JA	Sprung bei oberhalb
JAE	Sprung bei oberhalb oder gleich
JB	Sprung bei unterhalb
JBE	Sprung bei unterhalb oder gleich
JC	Sprung bei gesetztem Übertragsflag (Carry)
JCXZ	Sprung, wenn Register CX=0h
JE	Sprung bei gleich
JG	Sprung bei größer
JGE	Sprung bei größer oder gleich
JL	Sprung bei kleiner
JLE	Sprung bei kleiner oder gleich
JMP	Absoluter Sprung
JNA	Sprung bei nicht oberhalb
JNAE	Sprung bei nicht oberhalb oder gleich
JNB	Sprung bei nicht unterhalb
JNBE	Sprung bei nicht unterhalb oder gleich
JNC	Sprung, wenn Übertragsflag nicht gesetzt ist (Carry)
JNE	Sprung bei ungleich
JNG	Sprung bei nicht größer
JNGE	Sprung bei nicht größer oder gleich
JNL	Sprung bei nicht kleiner
JNLE	Sprung bei nicht kleiner oder gleich
JNO	Sprung bei nicht gesetztem Überlaufflag (Overflow)
JNP	Sprung bei nicht gesetztem Paritätsflag (Parity)
JNS	Sprung bei nicht gesetztem Vorzeichenflag (Sign)
JNZ	Sprung bei nicht gesetztem Nullflag (Zero)
JO	Sprung bei gesetztem Überlaufflag (Overflow)
JP	Sprung bei gesetztem Paritätsflag (Parity)
JPE	Sprung bei gerader Parität (Even)
JPO	Sprung bei ungerader Parität (Odd)
JS	Sprung bei gesetztem Vorzeichenflag (Sign)
JZ	Sprung bei gesetztem Nullflag (Zero)

Beschreibung der wichtigsten symbolischen Maschinencodebefehle

	Sprung-Befehle aufgrund einer vorhergehenden Operation:
LAHF	Register AH mit den Flags laden (Bit-Werte)
LDS	Adresse (Zeiger) in Register DS laden
LEA	Effektive Adresse laden
LES	Adresse (Zeiger) in Register ES laden
LOCK	Bus blockieren
LODS	Byte oder Wort nach AL oder AX laden (DS:SI)
LODSB	Byte nach AL laden
LODSW	Wort nach AX laden
LOOP	Schleife (vermindert CX um 1 und springt zur angegebenen Adresse)
LOOPE	Schleifendurchlauf bei gleich (Nullflag gesetzt)
LOOPNE	Schleifendurchlauf bei ungleich
LOOPNZ	Schleifendurchlauf bei ungleich Null
LOOPZ	Schleifendurchlauf bei gleich Null
MOV	Verschieben bzw. kopieren
MOVS	Byte oder Wort verschieben
MOVSB	Byte verschieben
MOVSW	Wort verschieben
MUL	Multiplikation
NEG	Negation
NOP	Keine Operation (Leerbefehl) in der Länge von einem Byte
NOT	Logische NOT-Verknüpfung
OR	Logische ODER-Verknüpfung
OUT	Ausgabe an einen Port (Byte oder Wort)
POP	Rücknahme von einem Stapel
POPF	Rücknahme der Flags vom Stapel
PUSH	Übergabe an den Stapel
PUSHF	Übergabe der Flags an den Stapel
RCL	Linksrotation einschließlich Überlauf
RCR	Rechtsrotation einschließlich Überlauf
REP	Wiederholung der folgenden Zeichenkettenoperation (in CX steht die Anzahl)
RET	Rücksprung aus einem mit CALL aufgerufenen Unterprogramm
ROL	Linksrotation
ROR	Rechtsrotation
SAHF	Register AH in das Flagregister übertragen
SAL	Arithmetische Linksverschiebung
SAR	Arithmetische Rechtsverschiebung
SBB	Subtraktion mit umgekehrtem Übertrag
SCAS	Byte oder Wort suchen
SCASB	Byte suchen

	Sprung-Befehle aufgrund einer vorhergehenden Operation:
SCASW	Wort suchen
SHL	Linksverschiebung
SHR	Rechtsverschiebung
STC	Übertragsflag setzen
STD	Richtungsflag setzen
STI	Interruptflag setzen
STOS	Byte oder Wort speichern (aus AL bzw. AX nach ES:DI)
STOSB	Byte einer Zeichenkette speichern
STOSW	Wort einer Zeichenkette speichern
SUB	Subtraktion
TEST	Test (wie AND, aber ohne das Ergebnis zu speichern)
WAIT	Warten der CPU auf ein Signal vom Koprozessor
XCHG	Austausch
XLAT	Übersetzung mit Hilfe einer Tabelle im Speicher
XOR	Exklusiv-ODER-Funktion

Die vorstehenden Befehle des 8088 können für alle PCs und PS/2-Systeme verwendet werden. Darüber hinaus gibt es noch eine Reihe von weiteren Befehlen, die aber systemabhängig sind (z.B. für 80286 und 80386).

Beispiele zur Anwendung finden Sie im Kapitel 7. Hier noch zur Verdeutlichung einige weitere Beispiele zum ADD-Befehl, die Ihnen die Adressierung verdeutlichen sollen:

`ADD   AX,BX`	Der Inhalt von Register BX wird zum Inhalt von Register AX hinzuaddiert
`ADD   [AX],BX`	In Register AX befindet sich die Offsetadresse zu einer Speicherstelle, zu der der Inhalt des Registers BX hinzuaddiert wird
`ADD   AX,[BX]`	In Register BX befindet sich die Offsetadresse eines Wertes im Speicher, der zum Inhalt des Registers AX hinzuaddiert wird
`ADD   AX,1000`	Der Wert 1000h wird zum Inhalt des Registers AX hinzuaddiert

Beschreibung der wichtigsten symbolischen Maschinencodebefehle

ADD AX,[1000]	Der Wert, der sich an der Offsetadresse 1000h im Hauptspeicher befindet, wird zum Inhalt des Registers AX hinzuaddiert
ADD AX,[BX+SI+1000]	Der Inhalt der Register BX und SI wird zu 1000h hinzuaddiert. Daraus ergibt sich eine Offsetadresse. Der Wert, der sich an dieser Stelle im Hauptspeicher befindet, wird zum Inhalt des Registers AX addiert.

Das Ergebnis der vorstehenden Operationen steht anschließend jeweils im Register AX bzw. im zweiten Fall an der Offsetadresse, auf die der Inhalt des Registers AX weist.

Anhang

II

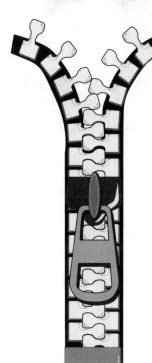

Kurzübersicht DEBUG-Befehle zum Nachschlagen

Kommandoaufbau für den Aufruf von DEBUG:
`[d:][weg]DEBUG [[dateiname] [variablen]]` `            [< eingabe] [> ausgabe]`

A [adresse]	*Assemble*
Eingabe von symbolischen Maschinencodebefehlen in den Hauptspeicher. Ohne Angabe einer Adresse wird CS:0100 verwendet.	

C bereich adresse	*Compare*
Vergleich von zwei Bereichen im Hauptspeicher auf Gleichheit. DEBUG zeigt die gefundenen Unterschiede hexadezimal am Bildschirm an.	

D [adresse][Lwert] D [bereich]	*Dump*
Anzeigen des Hauptspeicherinhalts ab der angegebenen Adresse oder CS:0100 am Bildschirm an.	

E adresse [liste]	*Enter*
Eingabe von Zeichen an eine bestimmte Stelle (Adresse) in den Hauptspeicher. Die Angabe kann wahlweise hexadezimal oder mit ASCII-Zeichen erfolgen.	

F bereich liste	*Fill*
Füllen des angegebenen Hauptspeicherbereichs mit Zeichen. Werden in der Liste weniger Zeichen angegeben, als der Bereich groß ist, werden die Zeichen wiederholt.	

G [=adresse1] [adresse2...]	*Go*
Ausführung des im Hauptspeicher ab der aktuellen oder angegebenen ersten Adresse befindlichen Codes (Programm). Bis zu 10 Anhaltepunkte können angegeben werden. Die Reihenfolge der Adressen ist unerheblich.	

| H wert wert | Hex |

Hexadezimal rechnen. Das erste angezeigte Ergebnis ist der addierte, das zweite der subtrahierte Wert.

| I wert | Input |

Lesen und Anzeigen des Wertes eines Eingabekanals (WERT ist die Kanaladresse).

| L [adresse [laufwerk sektor anzahl]] | Load |

Laden einer Datei oder von Sektoren in den Speicher. Wenn eine Datei geladen werden soll, muß vorher mit dem Befehl »N« ein Dateiname festgelegt werden. Die Anzahl der gelesenen Byte einer Datei wird im Registerpaar BX:CX abgelegt. Ohne Angabe einer Adresse werden die Daten nach CS:0100 geholt.

| M bereich adresse | Move |

Einen Teil des Hauptspeichers an eine andere Adresse verschieben.

| N dateiname [dateiname...] | Name |

Mit diesem Befehl werden Dateinamen festgelegt, die anschließend zum Beispiel mit »Load« geladen oder mit »Write« gespeichert werden können.

| O adresse byte | Output |

Sendet ein BYTE zu einem Ausgabekanal (die Angabe muß immer hexadezimal erfolgen).

| P [=adresse][wert] | Proceed |

Ein geladenes Programm wird schrittweise ausgeführt. Mit ihm wird ein Unterprogramm (CALL), eine Schleifeninstruktion usw. durchgeführt. Die Anzahl der Anweisungen kann angegeben werden.

Q	Quit

Das Programm DEBUG beenden.

R [register]	Register

Anzeigen und/oder verändern eines oder mehrerer Register des Prozessors (CPU). Bei Eingabe eines einzelnen Registernamens zum Befehl wird der Inhalt angezeigt und Sie haben die Möglichkeit, diesen zu verändern.

Register	Funktion
AX	Akkumulator
BX	Adreßregister
CX	Zählregister
DX	Adreßregister für Ein-/Ausgabe
CS	Codesegment
DS	Datensegment
SS	Stapelsegment
ES	Extrasegment
SP	Stapelzeiger
BP	Basiszeiger
SI	Indexregister
DI	Indexregister
IP	Programmzähler
PC	Program Counter
F	Statusregister

Kennzeichen für das F-Register:

Schalter	Set-Code		Clear-Code	
Überlauf:	OV	Überlauf	NV	kein Überlauf
Richtung:	DN	Vermindern	UP	Erhöhen
Unterbrech./Interrupt:	EI	Aktiviert	DI	nicht aktiviert
Vorzeichen:	NG	Minus	PL	Plus
Null:	ZR	Null	NZ	nicht Null
Zusätzlicher Übertrag:	AC	Hilfsübertrag	NA	kein Hilfsübertrag
Parität:	PE	Gerade	PO	Ungerade
Übertrag:	CY	Übertrag	NC	kein Übertrag

| S bereich liste | Search |

Durchsucht den angegebenen Bereich nach der vorgegebenen Liste von Zeichen und zeigt die Adressen, an der diese gefunden wurden.

| T [=adresse] [wert] | Trace |

Der Befehl führt das aktuelle Programm schrittweise aus und zeigt nach jedem Befehl alle Register sowie die nächste auszuführende Funktion (Befehl) an. Ohne Angabe einer Adresse wird der Vorgang ab CS:IP ausgeführt.

| U [adresse] [L wert] | Unassemble |
| U [bereich] | |

Wandelt den Speicherinhalt in symbolische Maschinensprachecode um und zeigt diesen mit der Speicheradresse an.

| W [adresse [laufwerk sektor anzahl]] | Write |

Schreibt Daten vom Hauptspeicher auf die Diskette oder Festplatte. Wird nichts weiter angegeben, werden die Daten im Speicher ab der Adresse CS:0100 mit dem mit »Name« oder beim Aufruf angegebenen Namen in der im Register CX festgelegten Länge gespeichert.

| XA seiten | Expanded Memory Allocate |

Mit diesem Befehl reservieren Sie EMS-Seiten (je 16 Kbyte) im Expanded-Memory-Bereich. Die den Seiten zugewiesene Handle-Nummer wird angezeigt.

| XD handle | Expanded Memory Deallocate |

Der mit XA reservierte Handle bzw. die logischen EMS-Seiten im Expanded-Memory-Bereich werden wieder freigegeben.

| XM Lseite Pseite handle | Expanded Memory Map Pages |

Mit diesem Befehl wird eine logische (»Lseite«) in eine physikalische Seite (»Pseite«) mit einem Handle verbunden.

XS	*Expanded Memory Status*
Der Befehl wird ohne Zusatzeingaben verwendet. Er zeigt einen Statusbericht zum Expanded Memory (EMS) am Bildschirm an.	

Dateien mit der Namenserweiterung HEX oder EXE müssen vor der Bearbeitung mit DEBUG immer umbenannt werden, damit keine »Auflösung« des Programmkopfes erfolgt.

Fehlermeldungen	
BF	Sie haben ein ungültiges Buchstabenpaar als Schalter (Register F) eingegeben.
BP	Sie haben zum Befehl »G« mehr als 10 Anhaltepunkte angegeben.
BR	Zum Befehl »R« haben Sie eine Bezeichnung eingegeben, die nicht als Register bekannt ist.
DF	Mit dem Befehl »R« zum Register »F« haben Sie für einen Schalter zwei Einstellungen eingegeben. Diese beiden würden sich ausschließen, was nicht möglich ist.

Anhang

III

Umrechnungstabelle hexadezimal/dezimal

Umrechnungstabelle hexadrezimal/dezimal

Die folgende Tabelle wurde so gestaltet, daß alle Adressen schnell und einfach von Ihnen umgerechnet werden können. Beachten Sie hierzu das Kapitel 3.

Hex	Dez	Hex	Dez	Hex	Dez	Hex	Dez
0	0	0	0	0	0	0	0
1	4.096	1	256	1	16	1	1
2	8.192	2	512	2	32	2	2
3	12.288	3	768	3	48	3	3
4	16.384	4	1.024	4	64	4	4
5	20.480	5	1.280	5	80	5	5
6	24.576	6	1.536	6	96	6	6
7	28.672	7	1.792	7	112	7	7
8	32.768	8	2.048	8	128	8	8
9	36.864	9	2.304	9	144	9	9
A	40.960	A	2.560	A	160	A	10
B	45.056	B	2.816	B	176	B	11
C	49.152	C	3.072	C	192	C	12
D	53.248	D	3.328	D	208	D	13
E	57.344	E	3.584	E	224	E	14
F	61.440	F	3.840	F	240	F	15
Bit 0123		Bit 4567		Bit 0123		Bit 4567	
Byte 1				Byte 0			

Beispiele für die Umrechnung von Zahlen:

Hex-Zahl	Hex/Dez	Dez/Hex	Dez-Zahl
EB	E = 224 B = 11 = 235	235-224(E)=11 11- 11(B)= 0	235

F3	F = 240
	3 = 3
	  = 243
		243-240(F)= 3
		  3- 3(3)= 0
			243

7E	7 = 112 E = 14 = 126	126-112(7)=14 14- 14(E)= 0	126

Hexadezimale Zahlen werden in einzelne Zeichen aufgeteilt. Wenn eine derartige Zahl zwei Stellen hat, suchen Sie den ersten Wert in der vorletzten und den zweiten in der letzten Spalte der vorstehenden Tabelle und addieren die Zahlen, um den dezimalen Wert zu erhalten. Bei vierstelligen Zahlen beginnen Sie in der viertletzten Spalte.

Sie rechnen eine dezimale Zahl um, indem Sie die nächstniedrigere Zahl in der Tabelle suchen (und merken das erste Zeichen vor), diese subtrahieren und für das Ergebnis die nächstniedrige Zahl (bzw. bei Gleichheit die gleiche) aus der Tabelle suchen.

Beispiele:

```
Zahl           2764
              -2560       (A)
               204
              -192        (C)
                12
               -12        (C)
                 0     => ACCh
```

```
Zahl           2050
              -2048       (8)
                 2
                -0        (0)
                 2
                -2        (2)
                 0     => 802h
```

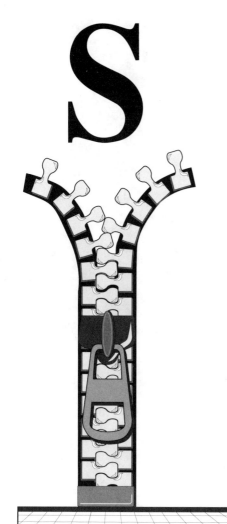

Stichwort-verzeichnis

A

0Ah 101
0D0Ah 59
0DH 101
100h 96
12-Bit-FAT 33, 119, 123
1234h 150
16-Bit-Adressen 20
16-Bit-FAT 33, 119, 121
16er-Zahlensystem 19
1Ah 59
5Ch 70
6Ch 71
80286 172
80386 172
8088-Prozessor 20
80h 70
Abarbeitung 63
ADD 172
Addition 66
Additions-Operation 76
Adresse 25, 81
Adressierung 17, 30
Adreßbus 20
Adreßregister 74
Adreßregister für Ein-/Ausgabe 74
AF 28
Akkumulator 26, 74
Änderung 95, 115
Anwendung 51
Anwendungsmöglichkeiten 15
Anwendungsprogramm 96
Anzeige 55, 100
ANZEIGE.COM 136
Anzeigen 177
Archiv 117
ASCII 55, 59
Assemble 53, 177
Assembler 53, 81
Attributbyte 116, 117
Aufruf 47
Ausführung 73, 79, 177

Ausgabekanal 178
AUTOEXEC.BAT 155
Auxiliary Carry Flag 28
AX 26, 74, 173

B

Basis-Pointer 76
Basisregister 26
Basiszeiger 27, 74
Beenden 74, 179
Befehle 51, 53, 90
Befehlseingabebereitschaftszeichen 53
Befehlswort 64
Befehlszeiger 27
Behandlungsroutine 85
Betriebssystem 20
Bildschirm-Hardcopy 49
Bildschirmanzeige ändern 95
Bildschirmspeicher 20
BIOS Parameter Block 31, 105
BIOS-Routinen 21
Bit-Codierung 117
Bit-Tabelle 42
Bitwertigkeit 118
Blöcke 20
Bootroutine 106
Bootsektor 34, 36, 95, 103, 110, 115
BP 27
BPB 31
BX 26, 67, 74, 103

C

CALL 73, 141, 153
Carry Flag 28, 145, 153
CD 55
CF 28
CHKDSK 36, 107
Clear 74
Clear-Code 179

Stichwortverzeichnis

Cluster 31, 38, 105, 116, 119
Clusteradresse 37
Clusteranzahl 124
Clustereintrag 130
Clustergröße 33
Clusterlänge 122, 125
Clusternumerierung 40
Clusternummer 33
Clusterreihenfolge 32
Code 56
Codesegment 26, 53, 74
codiert 41
COMMAND.COM 99, 142
COMP 59
Compare 54, 177
Computerneustart 149
CONFIG.SYS 149
CS 26, 63, 73, 74
CS:0100 67, 69, 84
CS:IP 73
ctrl+alt+del 133
Cursor 101
CX 26, 54, 58, 65, 67, 74, 96, 103

D

Datei 67
Datei prüfen 156
DATEI.COM 156
Dateianfang 122, 126
Dateiattribut 41
Dateigröße 44, 83, 102, 116, 119
Dateinamen 40, 68, 70, 116, 178
Dateinummer 145
Dateiverwaltung 120
Dateizuordnungstabelle 32, 36, 119
Daten 28
Datenbereich 26
Datenblock 20
Datendatei 102
Datenregister 26
Datensegment 26, 74

Datensicherung 115
Datenträger 37, 83
Datenträgername 34, 105, 117
Datenträgernummer 34, 105
DATPRUEF.BAT 156
Datum 116, 119
DEBUG-Befehle 175
DEC 146
Defragmentierung 120
DEL 37, 120, 127
deutsche Umlaute 59
DF 29
DI 27, 74, 80
Dialogmodus 60
DIR 43, 59, 68
Direction Flag 29
DIS-Inhaltsverzeichnis 116
DISKCOPY 96
Diskette lesbar 150
DISKETTE.COM 150
Disketten 30, 109
Diskettenkapazität 107
Doppelwort 25, 105
DOS-Modus 63
Drucker 138
Druckereinstellung 138
DRUCKST.COM 138
DS 26, 54, 55, 62, 74
Dump 55, 177
DX 26, 74, 135
dynamisch 30

E

Eingabe 177
EINGABE.COM 159
Eingabefehler 53
Eingabekanal 178
Einzelschritt-Modus 29
EMS 85, 90, 180
EMS-Seiten 85
EMS-Treiber 21, 90

Enter 59, 177
Error 67
ERRORLEVEL 146, 153, 163
Erweiterungen 20
ES 26, 74
ES:BX 135
EXE 50, 75, 84, 94, 96, 99
EXE-Dateien 67
Expanded Memory 21, 85
Expanded Memory Allocate 85, 180
Expanded Memory Deallocate 86, 180
Expanded Memory Map Pages 86, 180
Expanded Memory Status 87, 181
Extrasegment 26, 74

F

F 74
F-Register 179
Farbgrafikkarte 21
FAT 30, 36, 105, 119
FAT-Eintrag 127
Fehler 53
Fehlercode 90
Fehlermeldung 67, 99, 181
Festplatten 30
Festplattencontroller 21
Festplattenkapazität 36
File Control Block 72
Fill 61, 177
Flag 74
Flag-Register 28
FOR 142
Format 47
Formatieren 103
Formatieren verhindern 154
Formatkennezeichen 108
Fragezeichen 83
Frame 88
freier Cluster 120
Freigabe 86
Freiraum 21

Füllen 177
Funktion 05h 141, 156
Funktion 09h 137
Funktion 25h 156
Funktion 31h 156
Funktion 35h 155
Funktion 3Dh 145
Funktion 3Eh 146
Funktion 40h 146
Funktion 41h 146
Funktion 42h 146
Funktion 4Ch 142, 156

G

gelöschte Datei 95, 116, 126
GESICHT.COM 65, 68, 70, 79
gestreut 30
gestreute Speicherung 37
Go 63, 177
Großbuchstaben 153

H

Halbregister 27
Haltepunkt 63, 65
Handle-Nummer 87, 180
HARDCOPY.DAT 48
Hauptspeicher 19
Hauptspeicherblock 21
Hauptverzeichnis 34, 36, 40, 114, 116
Hauptverzeichniseintrag 105
Header 67
Hersteller 105
HEX 50, 84, 95
Hex 66, 177
hexadezimal rechnen 23, 178
hexadezimale Adreßangaben 24
hexadezimale Zahlen 6, 19, 66
hexadezimale Zeichen 6, 24
Hidden 117

Stichwortverzeichnis

I

IBMBIO.COM 110
IBMDOS.COM 110
IF 29
INC 141
Indexregister 27, 74
Inhaltsverzeichnis 30, 38, 114
Inhaltsverzeichniseintrag 127
Input 66, 178
INT 81
Interrrupt 21h 142
Interrupt 73, 81
Interrupt 13h 156
Interrupt 20h 137
Interrupt 21h 137, 141, 145, 146. 155. 156
Interrupt 27h 135
Interrupt 9 135
Interrupt Flag 29
Interrupt-Programm 155
IO.SYS 110
IP 27, 53, 74, 80

J

JL 141
JMP 104, 112, 150, 155
JNB 153
JNC 153
JNZ 146

K

Kanal 66, 72
Kanaladresse 66
Kapazität 31
KEINPAUS.COM 161
Kommandoaufbau 47, 177
Kommunikation 66
Kontroll Flag 28
kontrollierte Ausführung 63
Kontrollinformation 28
konventioneller Hauptspeicher 21
KOPDATA.BAT 152
Kopieren 65, 100, 156
Korrektur 98

L

Label 81
Laden 67, 96, 178
Länge 62
Längenangabe 70, 78
Large-Frames 21
LAUFEN.BAT 142
Laufwerk vorhanden 163
Laufwerksnummer 34, 68, 84, 105
Lesefehler 69, 84
Load 67, 72, 178
LOE1.BAT 161
LOESCHEN.BAT 160
logische Seite 86
LPT1 140

M

Macro-Assembler 53
Marke 81
Maschinencodebefehle 1678088 172
Maschinsprachecode 53
Massenspeicher 30
MDB 33
Media Descriptor Byte 33, 108
modifizieren 59
Monochromkarte 21
MOV 80
Move 69
MS-Windows 21
MSDOS.SYS 110
MUSTER.TXT 57

N

Name 67, 70, 178
Namenserweiterung 50, 65, 116
Negatives Ergebnis 28
Netzwerk 161
Neustart 133
NEUSTART.COM 149
NIEFORM.COM 154
NIESTART.COM 133
NOT 148
Numerierung 32
NUMLOCK.COM 146
Nur-Lesen 117

O

ODER 148
OF 28
Offsetadresse 19, 22, 27
Offsetangabe 64
Offsetregister 27
Output 72, 178
Overflow Flag 28

P

Page 87
Paragraph 20, 28
parallele Schnittstelle 141
Parität 75
Parity Flag 28
PB 74
PF 28
physikalische Adresse 19, 22
physikalische Seite 86
Plattenanang 34
POP 27, 153, 156
Port 66, 72
Port 60h 136

Portadresse 72
PRN 140
Proceed 73, 178
Programm Counter 74
Programmaufruf 153
Programmausführung 63
Programmbefehl 27
Programmcode 28
Programme 131
Programmgröße 65
Programmzähler 74
Protected Mode 75
protokollieren 57, 80
Prozessor 25, 74
PUSH 27, 153, 156

Q

Quellenindex 27
Quit 74, 179

R

Rahmensegment 89
RAM 21
Read-Only 117
Rechenoperation 28
Rechnen 66
Register 25, 74, 179
Registerinhalt 29, 77
Registerpaar CS:IP 77
Registerzustände 73
relaitve Adresse 22
reservierter Cluster 120
RET 141, 149, 153
Richtung 75
Richtungskontrolle 29
ROLLEN.COM 147
ROM 21
ROM-Basic 21, 63

ROM-BIOS 20, 63
ROM-Cartridge 20
Root-Directory 106

S

Scan-Code 136
schadhafter Cluster 120
Schalter 179
Scheineintrag 39
Schleifeninstruktion 73
Schreiben 84
Schritt für Schritt 79
schrittweise 73, 178, 180
Search 78, 180
Segment 22
Segment-Adresse 19, 22, 26
Segmentgrenze 24
Segmentparagraph 22
Segmentregister 26
Seite 31, 87
Seiten 85
Seiten-Nummer 87
Sektor 31, 36, 67, 84, 105
Sektoranzahl 34, 122
Sektornummer 37
Sekunden 118
Sepeicheradresse 55
Set 74
Set-Code 179
SF 28
SI 27, 74
Sicherungskopie 44
Sign Flag 28
SP 27, 74
Speicherbereich 107
Speichererweiterung 85
Speicherinhalt 24, 55, 56
Speichern 83, 98, 103, 180
Speicherverwaltung 32
Speicherzelle 22
Sprung 82

Sprungbefehl 104, 112
Sput 31
SS 26, 74
Stack 28
Standardausgabe 47
Standardeingabe 47
Stapel 26, 27, 137
Stapeldatei 142, 153, 163
Stapeldateieingaben 159
Stapelsegment 26, 74
Stapelzeiger 27, 74
Startbereitschaft 113
Startprogramm 106
Startsektor 122, 125
Status 86
Status-Flag 28
Statusbericht 181
Statusinformation 28
Statusregister 74, 179
Steuerzeichen 138
strg+alt+entf 133
Sub-Directory 117
Subrtraktion 66
Suchbefehl 96
Suchen 78, 180
symbolischer Code 53, 76
symbolischer Maschinesprachecode 81
System 117
Systemdateien 113
Systemdiskette 110

T

Tastatur 135
Tastatur-Statusbyte 136, 148
Tastaturcontroller 136
Tastaturinterrupt 136
Tasten 163
Tasten nicht zulassen 161
Tastenfunktion 146
Tastenstatus 163
Terminate and Stay Resident 135

Textende 137
TF 29
Trace 73, 79, 180
Trap Flag 29
TSR 135, 156

U

Überlappung 27, 69
Überlauf 28, 75
Übertrag 28, 75
Übertragung 72
Uhrzeit 116, 118
umleiten 47
Umrechnungstabelle 23, 42, 185
UMSCHALT.COM 147
Unassemble 81, 180
UND 149, 153
Undelete 126
Ungültiger Parameter 99
Unterfunktion 145
Unterprogramm 73
Unterverzeichnis 40, 116, 117
Urlader 21

V

Vergleich 177
Vergleichen 28, 54
Verschieben 178
Versionsnummer 105
Versteckt 117
Verzeichnis vorhanden 163
Verzeichniseintrag 114
Vieokarte 21
Vollregister 27

Volume-Label 117
Vorzeichen 75
VZLW.COM 163

W

Wort 25, 105
Write 72, 83, 180

X

XCOPY 99
XOR 145

Z

Z.$$$ 146
ZAEHLER.COM 142
Zahlensystem 19
Zählregister 26, 74
Zählscheife 142
Zeichen überschreiben 61
Zeicheneingabe 59
Zeichenkette 78
Zeichenkombination 78
Zero Flag 28
ZF 28
Zielindex 27
zuammenhängend 130
Zuordnungseinheiten 36, 107
Zuordnungstabelle 30
Zurückschreiben 84
zurückspeichern 69
Zwischenspeicherregister 26, 77

INFORMATIKKURS PFAFFENHOFEN, ABSCHLUSSAUFNAHME

KLASSENZIEL ERREICHT

Den Computer professionell nutzen.
Mit Know-how und Spitzen-Software.
Systhema-Fachbücher, wenn Sie Ihr
Klassenziel erreichen wollen.

Das speicherresidente Universalprogramm im Hintergrund, das auf minimalstem Raum (78,5 KByte) alles bereithält, was man bei der täglichen Arbeit braucht: Adreßverwaltung, bei der zu jeder Adresse ein beliebig langer Text gespeichert werden kann, Dateiverwaltung, Terminkalender, Tastaturmakros, Rechner (26 mathematische Funktionen, 7 Konstanten, Import/Export von Zahlen am Bildschirm), Druckeransteuerung uvm.
Boris Polenske
KlickUp
ISBN 3-89390-600-2   DM 79,-*

Von der sinnvollen Einrichtung der Festplatte durch den Norton Commander bis hin zur Lösung spezieller Probleme mit Hilfe der Norton Utilities. Das Buch gibt dem Anwender in einzelnen, thematisch abgegrenzten Workshops gezielte Hilfestellungen. Für die perfekte Organisation des Systems.
Dieter Müller
Der Norton Workshop
ISBN 3-89390-304-6   DM 49,-

*Unverbindliche Preisempfehlung

SYSTHEMA
VERLAG GMBH
Kreillerstraße 156 • 8000 München 82
Telefon 0 89 / 4 31 30 93 • Telefax 0 89 / 4 31 56 33

Systhema-Produkte erhalten Sie im Buch- und Computerfachhandel

WENN SIE TOTAL MITMISCHEN WOLLEN

VOLLES PROGRAMM!

Eine gründliche Einführung
in die Programmentwicklung
unter MS/PC-DOS.
**MS / PC - DOS
Programmierung**
Bd. 1 Grundlagen & Beispiele
ISBN 3-89390-254-6
DM 69,- (incl. Diskette)

Eine schrittweise Einführung in
die Windows-Programmierung mit
vielen praxisgerechten Beispielen.
Programmierung unter Windows
Ein Leitfaden für die Software-
Entwicklung unter Windows,
Version 2.0 und Windows / 386
ISBN 3-89390-251-1
DM 98,- (incl. 2 Disketten)

Das Standardwerk für
den Programmierer!
"Als Nachschlagewerk wegen
seines Informationsgehaltes
unbedingt empfehlenswert!"
(PC Plus 3 / 89)
**Die PC-Referenz für
Programmierer**
ISBN 3-89390-250-3   DM 69,-

Systhema-Bücher erhalten Sie im Buch- und Computerfachhandel

VERLAG   GMBH
Kreillerstraße 156 • 8000 München 82
Telefon 0 89 / 4 31 30 93 • Telefax 0 89 / 4 31 56 33

GLÄNZENDE AUSSICHTEN AM PIZ PALÜ

SPITZENPLÄTZE ZU VERGEBEN

B&S Lüdinghausen

Den Computer professionell nutzen. Sichern Sie sich Ihren Spitzenplatz in der DTP-Leistungsklasse. Mit Systhema-Fachbüchern.

Zwei Industrie-Designer haben in diesem Werkstatt-Buch einmal alle Register gezogen. In sechs Touren werden Anwendungen am Macintosh gezeigt. Neben der inhaltlichen Praktizierung von "MAC-Glasnost" machen ein kreatives Layout und eine moderne Typografie diesen Titel zu einem der engagiertesten MAC-Bücher auf dem Markt.
Wagner / Englich
MAC Reiseführer
ISBN 3-89390-331-3   DM 69,-

Schon der erste "Tips- und Tricks"-Band zur Version 1.0 von Ventura war ein internationaler Bestseller. Der neue Band enthält wiederum eine schier unerschöpfliche Fülle von Informationen für die Version 2.0 des Ventura Publishers. Standardwerk für Desktop-Publisher.
Ted Nace
Ventura 2.0
ISBN 3-89390-258-9   DM 79,-

SYSTHEMA
VERLAG GMBH
Kreillerstraße 156 • 8000 München 82
Telefon 0 89 / 4 31 30 93 • Telefax 0 89 / 4 31 56 33

Systhema-Produkte erhalten Sie im Buch- und Computerfachhandel.